NEW
평신도가 살아서 움직이는 구역

"오직
너희는 택하신 족속이요
왕 같은 제사장들이요
거룩한 나라요
그의 소유된 백성이니"

벧전 2:9

52주 구역공과 시리즈 **개역개정판**

NEW
평신도가 살아서 움직이는 **구역**

구역성장 | 교회부흥

예수사랑

◈ 머리말 ◈

초대교회는 성직자와 평신도의 구분이 없었으며 직임에 따라서 존경과 섬김을 실천하였다. 하지만 중세에 들어서 교회는 성직자와 평신도를 구분하여 수직적인 상하 관계를 만들었다. 따라서 중세 교회는 교권만이 존재하는 암흑기가 되었다.

종교개혁자 마틴 루터와 위클리프, 요한 후스, 칼빈 등 수많은 종교개혁자들이 주장한 종교개혁 정신은 바로 중세 교회에 존재하는 성직자와 평신도 간의 수직적이고 종속적인 관계를 철폐하고, 모든 그리스도인은 하나님의 백성이요 만인 제사장으로서 교회 사역의 주체가 되어야 한다는 것이다.

중세 교회의 문제는 바로 현대 교회의 문제와 연결된다. 전문가와 비전문가를 나누는 현대 사회의 의식이 교회에 숨어들어와 성직자는 전문가, 평신도는 비전문가로 나누고 있다. 이 때문에 평신도에게 교회 사역은 전문가인 목회자와 전임 사역자가 하는 것이며, 따라서 비전문가인 평신도는 단순히 주일날 예배에만 열심히 참석하고 목회자의 보조적인 역할만 잘하면 된다는 수동적인 생각을 갖게 되었다.

그렇기 때문에 교회가 성장하고 부흥하기 위해서는 목회자 중심에서 평신도가 살아서 움직이는 평신도 중심으로 패러다임 쉬프트(Paradigm Shift)가 일어나야 한다. 모든 평신도들이 주체가 된 교회가 바로 초대교회의 모습이며, 성경적인 교회의 모델로서 21세기 미래 교회가 지향해야 할 요점이다. 미래 교회는 성직자와·평신도의 구분이 없이 교회에 속한 모든 그리스도인들이 낮은 자리에서 서로 섬기며 활동하는 유기체적인 교회로 변화되어야 한다.

금번 구역공과에서는 이러한 평신도의 중요성을 발견하고 평신도가 살아서 움직이는 교회로 발전할 수 있도록 내용을 계획하여 구역에서 본 구역공과를 공부하면서 스스로 평신도의 중요성을 자각하고 활동할 수 있도록 하였다.

모쪼록 본 구역공과를 기초로 해서 평신도가 살아서 움직이는 교회와 구역을 만들기를 사모하는 모든 교회와 구역에 큰 변화가 일어나서 평신도들이 살아서 움직이는 구역과 교회로 거듭나는 계기가 되기를 소망한다.

도서출판 예수사랑

◈ 교재의 활용방법 ◈

1. 본 구역공과는 매주 한 과씩 1년 동안 활용할 수 있도록 편집되었다.

2. 본 구역공과는 설교식으로 한 사람이 진행하는 것이 아니라, 전 구역원이 구역예배 속에 모두 참석하여 한 사람씩 돌아가며 읽고, 성경을 찾아보며, 그 말씀을 확인해 가는 방법으로 되어 있다. 그러므로 가능한 대로 본 교재를 전 구역원 각자가 지참하도록 하는 것이 좋을 것이다.

3. 본 구역공과를 사용하기 위해서는 각 구역에 1명씩의 구역교사를 필요로 한다. 구역교사는 미리 본 공과의 주요 내용을 담임 목회자를 통해서 충분히 숙지한 후, 구역예배에서 구역원들이 한 대지씩 읽은 다음에 구역공과의 주요 내용을 부연하여 강조하며 설명하는 식으로 진행하는 것이 효과적이다. 그리고 공과 내용을 읽고 설명한 다음에는 또다시 "그럼 성경을 찾아봅시다!"라고 하여 성경을 찾아 읽고 그 말씀의 핵심 진리를 가지고 재차 강조하며 진행한다면, 구역원들이 말씀을 확인하면서 은혜를 받고, 또다시 설명을 할 때 듣고 큰 은혜를 받게 될 것이다.

4. 기타 구역예배 순서나 친교, 기도회 등 구역인도 요령은 기존에 하던 방법 그대로 보완하여 진행하면 될 것이다.

Contents

Ⅳ. 기도로 움직이기

Ⅴ. 전도와 선교로 움직이기

Ⅵ. 물질로 움직이기

VII. 예배로 움직이기

VIII. 헌신봉사로 움직이기

IX. 절기론

제 1 과

자신의 신분을 알라

- 본문 / 갈 3:28-29 (p.306)
- 찬송 / 436(통493), 456(통509)

◈

할렐루야! 전도합시다!

옷걸이의 대화

세탁소에 갓 들어온 신참 옷걸이에게 고참 옷걸이가 말했다.

"너는 옷걸이라는 사실을 한시도 잊어서는 안 돼."

"그게 무슨 뜻이죠?"

"종종 여기서 입혀진 옷으로 신분을 착각하는 옷걸이들이 많거든. 하지만 언젠가 그 옷은 사라져 버리지."

그리스도 안에서 우리가 겸손해야 할 이유는 우리가 그리스도 안에서 거듭난 생명이라는 사실 때문이다. 주님 없는 우리 인생은 아무것도 아니다.

초대교회에서 그리스도인들은 성직자와 평신도의 구분이 없이 일심동체가 되어 주님의 복음을 전했지만 중세에 와서 변하기 시작했다. 평신도와 성직자가 수직적인 상하 관계가 되었고, 이에 평신도는 성직자의 사역의 대상이 되어 신앙의 주체성을 상실하였다.

종교개혁은 성직자와 평신도의 구분 없이 모두가 하나님의 백성이요, 신자로서 사역을 감당하기 위한 것이었다. 그렇다면 우리는 어떤 신분을 가지고 있는가?

1. 그리스도 안에서 모든 사람이 똑같은 신분이다.

본문 28절에 보면, 유대인과 헬라인, 종과 자유자, 남자와 여자라는 신분이 나온다. 당시 유대인들은 자신들이 하나님의 선민으로서 일등 백성이라는 우월의식을 가지고 있어서 이방의 헬라인들은 사람 취급도 하지 않았다. 초대교회 당시 사회는 주인이 종을 부리던 시대였기 때문에 종을 격이 다른 사람으로 여겼다. 또한 당시는 남성 중심 사회로서 여성들의 차별이 심하였다.

바울 사도는 이러한 시대에 가히 혁명적인 선언을 선포하였다. 그것은 그리스도 예수 안에서 모든 사람이 동일한 신분을 가지고 있다는 선언이었다.

다음을 읽고, 바울이 왜 그렇게 선언했을지 그 이유를 말해 보자.

☞갈 3:28을 읽으시오.(p.306)

....

....

....

....

2. 교회 안에는 어떤 계급도 없다.

교회에서 성직자와 평신도를 나누고, 누가 더 높은가를 말하며, 교회의 직분(목사, 장로, 권사, 집사 등)을 두어 어떤 직분이 더 높은지를 비교하는 것은 계급의식을 조장하는 것이다. 이는 비성경적이다. 교회에는 직임에서의 질서와 기능의 분별은 있을지언정 계급은 없다. 모두가 회개하여 구원받아야 할 죄인이고, 하나님의 거룩한 백성이며 자녀들이다.

다음을 읽어 보자.

☞요 1:12을 읽으시오.(p.142)

....

....

....

3. 모두가 예수님의 제자이다.

오늘날 교회의 문제는 교회의 직분을 성직자와 평신도로 나눠 성직자는 전문가, 평신도는 비전문가라고 인식한다는 것이다. 문제는 교회의 일은 전문가 집단인 성직자가 해야 한다는 의식 때문에 평신도들이 단순한 구경꾼의 역할만 할 뿐 사역의 주체자로서 능동적으로 신앙생활을 하지 못한다는 데 있다. 하지만 성경은 모든 사람이 다 예수님의 제자로서 사역의 주체자가 되어야 함을 강조한다.

다음을 읽고, 예수님의 제자로서의 삶을 알아보자.

☞눅 14:26-27을 읽으시오.(p.120)

....

....

....

나눔의 시간

1. 오늘의 말씀을 통해서 느낀 점을 말해 보자.
2. 신자가 자신의 신분을 확실히 안다는 것의 중요성을 말해 보자.

제 2 과

만인 제사장임을 알라

- 본문 / 벧전 2:5-10(p.378)
- 찬송 / 407(통465), 310(통410)

◈

할렐루야! 전도합시다!

왕위까지 버린 사랑

잘생기고 지혜로운 멋진 왕자가 있었다. 그런데 그 왕자는 평민 처녀와 깊은 사랑에 빠지고 말았다. 하지만 신분제도가 엄격하였던 사회에서 그는 사랑과 왕위 중에 하나를 선택해야 했다. 그는 깊은 고민 끝에 사랑을 선택했다. 이는 윈저공과 심프슨 부인의 사랑 이야기다.

하나님 나라의 왕이신 예수님도 낮고 낮은 이 땅에 사람의 몸을 입고 오셨다. 왜 그랬을까? 그것은 우리로 하여금 누구나 하나님 앞에 거룩한 제사장이 되게 하기 위해서다. 우리는 그 은혜에 감사할 따름이다.

종교개혁자 마틴 루터가 1517년 독일의 위텐베르그의 성당의 벽에 95개의 조항의 질문을 부착함으로써 종교개혁의 거센 물고가 열렸다. 루터는 당시 중세 교회에서 성직자와 평신도를 구별하여 계급화하는 것을 반대고 평신도와 성직자 사이에 구별이나 서열이나 차별이 없이 그리스도인 모두가 하나님 앞에서 거룩한 제사장이라는 만인 제사장론을 주장하였는데, 이것은 오늘날 개신교의 중요한 신앙사상 중 하나다.

오늘 본문 바울 사도는 모든 그리스도인에 대해 "거룩한 제사장"(5절)이요, "왕 같은 제사장"(9절)이라고 선언했다. 그렇다면 어떻게 신약 시대에는 모든 그리스도인에 대해 만인 제사장이라고 말하는가? 그것은 제사장의 직무적 기능을 이해할 때에 알 수 있다.

1. 제사장은 하나님과 직접 교통한다.

구약 시대에 제사장은 성소에 들어가서 하나님께 제물을 드리고 하나님께 응답을 받아서 백성들에게 그 메시지를 선포하는 역할을 하였다. 구약 시대에는 레위 지파 중에서도 아론의 후손에게 혈통적으로 제사장이 되는 자격이 주어졌다.

하지만 신약 시대에는 모든 신자들이 예수 그리스도로 말미암아 하나님과 직접 교통함으로써 거룩한 제사장이 되는 자격을 얻게 된 것이다. 그러므로 신약 시대에는 누구든지 하나님께 직접 나아갈 수 있게 되었다.

다음을 읽어 보자.

☞벧전 2:5, 9을 읽으시오.(p.378)

....

....

....

2. 제사장은 중보사역을 하였다.

구약 시대에는 제사장이 하나님과 백성 사이에 중보 역할을 하였다. 어떤 사람이 죄를 지었을 때에 그 죄에 해당하는 소나 양과 같은 제물을 희생 제물로 제사장에게 가져오면, 제사장은 희생 제물을 드릴 사람과 희생 제물의 머리에 손을 얹어 사람의 죄를 희생 제물에 전가시키는 중보 기도를 한 후에 그 제물을 잡아 하나님께 제사로 드려 속죄하는 사역을 함으로써 하나님과 백성 사이가 화목하도록 하였다. 하지만 신약 시대에는 예수님이 화목제물이 되어 십자가에서 희생하심으로써 누구나 하나님께 직접 나아가는 제사장이 되었고, 자기 죄를 회개할 뿐만 아니라 다른 사람을 위해서 중보하며 기도할 수 있게 되었다.

다음을 읽고, 중보 기도의 능력을 알아보자.

☞약 5:13-16을 읽으시오.(p.376)

....

....

....

....

3. 신약 시대의 제사장의 제물은 무엇인가?

구약 시대에는 희생 제물로 제사를 드렸지만, 신약 시대의 제물은 다양한데, 물질이나 찬양도 훌륭한 제사가 되고 선행도 역시 아름다운 제사가 될 수 있을 뿐만 아니라(히 13:15, 16), 이방 불신자를 전도하는 것 역시 제사의 행위이다(롬 15:16).

그리고 신약 시대에는 산 짐승을 희생제사로 드리는 시대가 아니라, 자기 자신을 거룩한 제물로 바치는 시대이다. 신약 시대에는 예수님의 십자가의 희생으로 말미암아 모든 사람이 거룩한 제사를 드릴 수 있게 되었다. 그래서 어떤 사람은 말하기를 신약의 교회는 거룩한 제사장의 공동체로 형성되었다고 했다.

다음을 읽어 보자.

☞롬 12:1-2을 읽으시오.(p.256)

....

....

....

나눔의 시간

1. 오늘의 말씀을 통해서 느낀 점을 말해 보자.
2. 우리들 자신이 어떻게 산 제물로 드릴 수 있을지 말해 보자.

제 3 과

분명한 소명의식을 갖자

● 본문 / 고전 7:17-20(p.271)
● 찬송 / 405(통458), 546(통399)

◈

할렐루야! 전도합시다!

이분이 가라고 해서

백만장자 사업가와 선교사 한 분이 아프리카 여행길에서 만났다.

"선교사님은 어디로 가시는 길입니까?"

"예, 나병환자 촌에 갑니다."

"예? 저 같으면 몇천 만원을 준다고 해도 가지 않을 겁니다."

"저 역시 그 정도의 돈을 받고는 가지 않습니다."

"아니 왜요? 그럼 선교사님은 도대체 얼마나 많이 받으시는 거예요?"

선교사가 십자가 목걸이를 보이며 말했다.

"저는 돈을 받고 가는 것이 아닙니다. 다만 이분이 가라고 해서요."

이 세상에서 그 어떤 직업도 그 자체로 더 거룩하거나 더 하나님께 영광을 돌릴 수 있는 직업은 없다. 똑같은 직업이라고 할지라도 직업에 대한 마음 자세 여하와 하나님의 뜻에 대한 소명의식에 따라서 하나님께 영광이 될 수도 있고 그렇지 않을 수도 있다. 중요한 것은 내가 지금 하는 일에 대해 하나님이 부르셨다는 소명(calling)의식이 있느냐이다. 분명한 소명의식을 갖고 살아가느냐 그렇지 않느냐에 따라서 하나님의 백성으로서의 삶의 모습이 달라진다.

그렇다면 우리에 대한 소명에는 어떤 것들이 있는가?

1. 구원으로의 부르심이 있다.

어떤 사람은 생각하기를 자신이 교회에 나온 것이 자기 스스로의 의지와 결단에 의해서 나왔기 때문에 신앙생활을 선택하게 된 주체가 자기 자신이라고 여기는 경우가 있다. 그렇게 되면 신앙생활은 선택해도 되고 하지 않아도 되는 것이 되고 만다. 그렇지만 신앙생활은 인생의 삶에 있어서 해도 되고 안 해도 되는 액세서리와 같은 것이 아니라 반드시 있어야 하는 필수불가결한 요소다.

신자는 내가 예수님을 믿게 된 것은 내 의지와 결단에 의해 된 것처럼 보일지라도 사실은 그 배후에 그렇게 결심하도록 나를 구원의 길로 부르신 하나님의 소명(calling)에 의해서 된 것이라는 사실을 알아야 한다.

다음을 읽어 보자.

☞벧전 5:10을 읽으시오.(p.382)

☞롬 8:28을 읽으시오.(p.250)

2. 직분으로의 부르심이 있다.

어떤 사람이 교회에서 집사로 임명하자 예배 후에 곧바로 목사님을 찾아가 말했다. "목사님, 저는 아무 능력이 없어서 직분을 감당하지 못하겠으니 사표를 받아주세요." 그때 목사님이 말했다. "집사님! 어떻게 한 번도 해보지 않고 못한다고 하십니까? 열심히 기도하면서 한 6개월 해 보십시오. 내 힘으로 안 되면 주님께 감당할 수 있는 힘을 달라고 기도하십시오. 그러고도 안 되겠다 싶으면 그때 가서 사표를 내세요. 그러면 받겠습니다." 그 후 6개월이 아니라 수년이 지나도 그 집사님은 사표를 가져오지 않았다. 후에 그분은 일등 집사님이 되셨다.

교회에서 직분을 임명할 때에 목회자가 직분을 임명한 것처럼 보이지만, 영적으로 보면 주님이 부르셨기 때문에 하게 된 것이다. 그러므로 신자는 자신의 직분에 대한 분명한 소명의식을 갖고 직분을 감당하는 신앙 자세가 중요하다.

다음을 읽고, 바울의 소명의식을 살펴보자.

☞갈 1:15을 읽으시오.(p.302)

3. 직업으로의 부르심이 있다.

어떤 사람은 자기가 지금 하고 있는 일에 대해 불평하면서 일하기도 한다. 하지만 불평 가운데 하는 일은 발전이 있을 수 없다. 그리스도인은 직업에 대한 소명의식을 갖고 살아가는 것이 중요하다. 내가 하는 일도 내가 선택해서 하는 것 같지만, 실제로는 배후에서 나를 불러 하나님의 영광을 나타내고자 하시는 하나님의 부르심이 있다.

종교개혁가인 루터나 칼빈도 이 세상에서의 직업은 하나님이 부르신 것이라 하면서 자기 직업에 대해 소명의식을 가질 것을 강조했다.

다음을 읽고, 직업에 대한 소명의식을 발견해 보자.

☞고전 7:17, 20, 24을 읽으시오.(p.271)

나눔의 시간

1. 오늘의 말씀을 통해 느낀 점을 말해 보자.
2. 자기의 직업에 대한 소명의식을 말해 보자.

제 4 과

참된 동역자가 되라

● 본문 / 고전 3:9(p.266)
● 찬송 / 197(통178), 585(통384)

◈

할렐루야! 전도합시다!

무거운 짐을 나누어진 농부

「대지」의 작가 펄벅이 한국을 방문했을 때, 한 기자가 물었다.

"당신이 한국에서 겪은 가장 감명 깊었던 일은 무엇입니까?"

"땅거미가 질 무렵, 무거운 짐을 소에게만 다 지우지 않고 자신과 나눠지고 집으로 돌아가던 농부를 본 것입니다."

농부의 마음이 소와 일심동체가 되었던 것이다.

본문에서 '동역자'에 해당하는 헬라어는 '쉬네르고스'이다. 이는 '함께 일하는 자', '함께 사역하는 자'라는 뜻을 가지고 있다.

교회에서 하나님과 함께 일하는 사람은 어떤 특정한 사람으로 정해져 있지 않다. 예수를 믿는 그리스도인이라면 누구나 하나님과 함께 일하는 자요, 하나님의 동역자다. 특별히 교회에서 목회자와 평신도, 그리고 평신도 상호간에 이와 같은 동역자라는 의식을 갖고 있다면 그런 교회는 날마다 부흥 발전할 수밖에 없다.

그렇다면 우리의 사역에서 동역의 중요성은 무엇인가?

1. 혼자 하는 일에는 한계가 있기 때문이다.

옛말에 백지장도 맞들면 낫다는 말이 있고, 손바닥의 힘보다는 손가락을 움켜쥔 주먹의 힘이 더 강하다는 말도 있다. 우리가 세상에서 일을 할 때에도 혼자서 할 수 있는 일에는 한계가 있다. 그렇지만 혼자 할 수 없는 일도 함께 협력하여 동역하면 할 수 있는 일들이 얼마나 많이 있는가?

교회에서도 마찬가지다. 교회는 목회자 혼자서 운영해 나갈 수 없다. 어떤 특정한 장로님이나 평신도 한두 사람의 힘으로만 운영될 수도 없다. 교회는 모든 사람이 다 같이 유기적으로 협력하고 동역해야 하나님의 영광을 나타내고 부흥 발전할 수 있다. 그렇기 때문에 교회를 조직체라고 부르지 않고 유기체라고 한다.

다음을 읽고, 동역의 중요성을 알아보자.

☞전 4:12을 읽으시오.(p.950)

2. 함께 일할 때에 더 큰일을 할 수 있기 때문이다.

성경 역사 어느 곳을 봐도 하나님의 큰일을 이룬 사건의 현장에는 한 사람이 아닌 함께 헌신하여 동역한 사람들이 있다는 것을 알 수 있다. 모세의 출애굽의 대역사도 모세 혼자만 아니라, 아론이나 여호수아와 갈렙과 같은 사람들이 함께 있었다. 바울의 선교 사역도 그 사역의 현장마다 함께한 수많은 동역자가 있었다. 마찬가지로 오늘날 우리가 주님의 영광을 이루는 큰일을 하려면 구역에서, 교회에서 함께 기도하며 동역하는 협력 정신을 굳게 가져야 한다.

다음을 읽고, 바울의 선교 현장에서의 동역자들을 알아보자.

☞롬 16:3, 9, 21을 읽으시오.(p.261)

....

....

....

☞고후 8:2을 읽으시오.(p.293)

....

....

....

☞몬 1:1, 2, 24을 읽으시오.(p.351)

....

....

....

3. 서로가 위로와 격려를 줄 수 있기 때문이다.

루터가 종교개혁은 하루아침에 이루어진 것이 아니다. 루터를 따르는 신교도들은 구교의 심각한 박해와 위협에 시달렸고, 엄청난

불이익을 당하였다. 또한 종교개혁이 오랫동안 계속되니 많은 신자가 힘을 잃고 좌절하였다. 그때에 루터는 "내 주는 강한 성이요"라는 찬송가를 지어 성도들에게 힘 있게 부르게 하여 다시 힘을 내게 하였다.

우리의 신앙생활에서 신자가 서로 동역함이 절실히 필요한 이유는 낙심하거나 좌절에 빠질 때에 서로가 서로에게 위로하며 격려함으로써 새 힘을 얻도록 도움을 줄 수 있기 때문이다.

다음을 읽고, 바울이 환란 때에 어떻게 위로를 받고 힘을 얻어서 기뻐했는지를 알아보자.

☞고후 7:4-7을 읽으시오.(p.292)

....

....

....

나눔의 시간

1. 오늘의 말씀을 통해서 느낀 점을 말해 보자.
2. 구역에서 위로가 필요한 사람을 찾아보자.

제 5 과

목회자의 리더십을 존경하라

- 본문 / 히 13:17(p.369)
- 찬송 / 405(통458), 384(통434)

◈

할렐루야! 전도합시다!

주기철 목사님과 손양원 장로님

평양 산정현교회는 우리나라 최초로 세워진 교회 중에 하나다. 그곳에서 주기철 목사님이 목회할 때에 손양원 장로님이 예배시간에 늦었다. 그때 학교 스승이기도 한 장로님을 향해 목사님은 엄하게 말했다. "장로님! 오늘 예배시간에 늦었으니 오늘은 뒤에 서서 예배를 드리도록 하세요." 교회의 모든 성도들의 시선이 그 모습에 쏠렸고, 장로님은 큰 망신을 당하였다. 그런데 장로님은 "늦어서 죄송합니다!"란 말 외에는 아무 말도 하지 않고 목사님의 말대로 예배가 끝나기까지 회개하는 마음으로 뒤에 서서 예배드렸다. 성도들은 이 일을 본을 삼아 예배에 더욱 열심을 내었고 교회는 더욱 크게 부흥하였다.

교회에서의 모든 신자의 신분은 높고 낮음이 없고 하나님 앞에서 다 똑같은 신분이라고 했다. 그렇지만 오늘 본문에 보면 "너희를 인도하는 자들", 곧 목회자에게 순종하고 하면서 목회자의 리더십에 따를 것을 가르친다. "그렇지 않으면 너희에게 유익이 없느니라"고 하여 신자가 목회자의 리더십에 순종함의 중요성을 강조한다. 평신도와 목회자는 신분상 높고 낮음이 없지만, 목회자의 리더십을 존경하여 따를 때에 더 큰 신앙에 유익이 있다는 것을 아는 것은 신앙생활에서 유의해야 할 점이기도 하다.

그렇다면 목회자가 누구이기에 목회자의 리더십을 따르며 순종하는 것이 중요한지 그 이유를 생각해보자.

1. 내 영혼의 파수꾼이다.

파수꾼의 역할은 다른 사람들이 잠을 자는 시간에도 잠을 자지 않고 대적이 쳐들어오는 것을 방지하기 위해 깨어 지키는 자를 말한다. 파수꾼이 경계를 서다가 대적이 쳐들어 올 때에는 경계의 나팔을 불어서 이를 대비하게 한다.

오늘날 우리의 영적인 대적은 원수 마귀이다. 마귀는 삼킬 자를 찾기 위해서 지금도 호시탐탐 우리의 영혼을 노리는 악한 존재다. 이런 원수 마귀 대적을 분별하고 우리의 영혼이 평안히 쉴 수 있도록 하기 위해서 지금도 파수꾼의 역할을 하는 사람이 바로 목회자다. 그렇기 때문에 신자가 목회자의 리더십을 존경하고 따르는 것이 유익됨은 당연하다.

다음을 읽고, 우리 인생의 최고의 파수꾼은 누구일지 알아보자.

☞시 127:1을 읽으시오.(p.897)

....

....

....

2. 내 영혼의 말씀의 공급자이다.

육신이 살아가기 위해서는 육신을 위한 빵이 필요하듯이, 내 영혼이 건강하게 살아가기 위해서는 영혼을 위한 빵이 필요하다. 내 영혼을 위한 양식은 세상에 속한 것이 아니라 하늘에 속한 것인데, 바로 그것은 하나님의 말씀이다.

목회자는 바로 우리 영혼에 필요한 말씀의 공급자다. 신자가 목회자를 존경하고 그의 리더십을 따라 살아가야 할 이유는 바로 목회자를 통해서 우리가 말씀을 공급받기 때문이다.

신자가 목회자를 존경할 때에 그의 입술에서 나오는 말씀에 은혜를 받으며, 신앙생활에 기쁨과 보람을 얻는다.

다음을 읽고, 말씀의 공급자인 목회자와의 관계를 어떻게 설정하는 것이 좋을지 알아보도록 하자.

☞갈 6:6-7을 읽으시오.(p.309)

....

....

....

3. 내 영혼의 인도자이다.

이스라엘 백성이 유목생활을 문화적 배경으로 하고 있어 성경은 종종 목자와 양을 이야기한다. 양을 치는 사람들의 이야기를 들어보면, 양이 시력이 나빠 멀리까지 보지 못한다고 한다. 그렇기에 양은 절대적으로 목자의 인도함이 필요하다. 만약 양이 목자의 인도함을 벗어나게 되면 언제나 위험에 노출되는 상황에 처하게 된다.

바로 교회에서의 목회자는 신자들의 영혼을 바른 길, 푸른 초장으로 인도해 줄 목자다. 그렇기 때문에 신자가 목회자의 리더십을 인정하며 존경하는 삶을 사는 것이 중요하다.

다음을 읽고, 본문에서 신자는 인도하는 목회자의 리더십을 따르고 존경하여 순종할 이유를 발견해 보자.

☞히 13:17을 읽으시오.(p.369)

나눔의 시간

1. 오늘의 말씀을 통해서 느낀 점을 말해 보자.
2. 우리가 목회자 편에서 열심히 신앙생활 하는 것이 중요한 것을 자신의 경험에 비추어서 말해보도록 하자.

제 6 과

참된 교회관을 갖자

● 본문 / 엡 1:22-23(p.311)
● 찬송 / 523(통262), 450(통376)

◈

할렐루야! 전도합시다!

교회중심

독실한 기독교 신자인 교사가 칠판에 〈CH　CH〉라고 쓴 후, 학생들에게 물었다.

"교회라는 단어인데 무엇이 빠졌지?"

"가운데 UR이 빠졌어요."

"그래, UR, 즉 너희들(You' re)이 교회의 중심이 되어야 한다는 뜻이란다."

신자가 신앙생활에서 교회관을 바로 세우는 것처럼 중요한 요소는 없다. 교회관을 바르게 갖느냐 그렇지 못하느냐에 따라서 그 사람의 신앙적인 모습이 어떻게 형성되느냐가 결정되기 때문이다.

영어로 교회를 말할 때에 쳐치(church)라고 부른다. 이는 헬라어 '퀴리아케'에서 유래 된 것으로, 죄로 말미암아 죽을 수밖에 없는 사람들을 예수님이 자기의 피로 사서 자신의 소유로 만들었다는 의미이다. 교회는 주님께 속하여 주님의 것이 된 거룩한 무리다.

그렇다면 교회에 대해 좀 더 구체적으로 생각해 보자.

1. 교회의 머리는 예수님이시다.

본문 22절에 보면, 바울은 예수님을 교회의 머리라고 말한다. '머리'라는 말의 구약적인 의미는 서열로서 권위와 지도력을 의미하며, 머리됨에는 사법권과 명령권을 가진 권위가 포함된다. 하지만 머리됨에 대한 신약적인 용법은 구약과 다르다. 신약성경에서 '머리'로 번역되는 헬라어 '케팔레'는 약 75회 정도 사용되는데, 지위보다는 관계(relationship)를 의미하는 용어다. 그러므로 예수님이 교회의 머리시라는 표현은 만물 중 어느 누구도 예수 그리스도를 떠나서는 살 수 없는 존재임을 밝히는 것으로, 예수님과 밀접하게 살아야 함을 강조한다. 다시 말하면 예수님은 교회의 머리로서 생명의 부여자요, 교회의 주인이 되시는 분임을 밝히는 것이다.

다음을 읽어 보자.

☞엡 4:15-16을 읽으시오.(p.314)

....

....

....

2. 교회는 그리스도의 몸이다.

'교회'는 헬라어로 '에클레시아'다. 이는 '불러냄'을 의미한다. 그러므로 교회는 하나님께로부터 세상에서 불러냄을 받은 자들의 집단을 의미한다. 또한 본문에서 교회는 그리스도의 몸이라고 했다. 이 말은 교회와 예수님의 완전한 결합, 즉 믿는 신자들과 예수님이 완전하게 하나가 되는 것을 의미한다. 그리스도의 몸의 지체들인 신자는 교회의 머리되신 예수님과 상호 유기적인 관계 속에서 살아가야만 건강한 영적인 삶을 살 수 있다.

다음을 읽어 보자.

☞골 2:19을 읽으시오.(p.326)

....

....

....

3. 교회는 조직체가 아니라 유기체다.

교회를 이해하는데 있어서 교회를 세상의 일반적인 단체들처럼 '조직체'라는 인식과 함께 그와 다른 살아있는 '유기체'라는 인식이 존재한다.

기업은 전체를 지휘, 통제, 리더 하여 이익창출의 극대화를 이뤄야 하는 목적이 있기 때문에 '조직체'로 되어있다. 하지만 교회는 기업과 달리 '사람'에게 목적이 있으며, 그리스도를 머리로 하기 때문에 살아있는 유기체라 할 수 있다.

성경이 교회를 그리스도의 몸이라고 할 때에 이는 그리스도인 공동체의 연합을 의미하며, 동시에 머리인 그리스도로부터 생명을 부여받은 몸인 지체들은 그리스도 자신으로부터 분리될 수 없다는 사실을 강조하는 것이다.

다음을 읽고, 유기체적인 교회의 모습을 알아보자.

☞요 15:1-5을 읽으시오.(p.174)

··

··

··

나눔의 시간

1. 오늘의 말씀을 통해서 느낀 점을 말해 보자.
2. 교회가 유기체라는 사실과 구역의 모습을 말해 보자.

제 7 과

섬김의 도를 실천하라

- 본문 / 마 20:25-28(p.34)
- 찬송 / 528(통318)

◈

할렐루야! 전도합시다!

우유 한 병의 사랑

며칠을 굶주린 가난한 의과 대학생이 책이라도 저당 잡혀 끼니를 잇고자 전당포를 찾았다. 하필 전당포의 주인이 며칠간의 휴가를 가서 문이 잠겨 있었다. 실망으로 다리까지 후들후들 떨렸다. 물이라도 얻을 수 있을까 싶어 열려있는 옆집으로 들어갔다. 마침 어린 소녀가 있었다. 소녀는 그의 행색에서 그가 심하게 굶주렸다는 것을 알아차리고 우유 한 병을 들고 나왔다. "죄송해요. 엄마가 외출 중이어서요. 계셨더라면 뭐라도 요기가 될 만한 것을 드렸을 텐데요." 몇 년 후, 그 소녀의 엄마가 중병으로 입원을 했다. 수술은 다행히 잘되었으나 수술비와 입원비가 문제였다. 힘없이 계산서를 받아 본 소녀는 깜짝 놀랐다.

〈수술비와 입원비 합쳐서 우유 한 병〉 - 이미 지불되었음 -

예수님을 3년씩이나 따라다니면서 말씀을 배웠던 당시 제자들조차도 예수님이 십자가에 달려 돌아가신 후 부활하시고 승천하시기까지 하늘나라에 대한 소망보다는 이 땅에서의 소망에 더 큰 비중이 있었다. 그 때문에 예수님 앞에서조차 자리다툼을 벌였던 것이다. 예수님은 그러한 그들에게 섬김과 종의 도를 말씀하시면서 예수님 자신도 이 땅에 오신 목적이 바로 섬김을 받기 위해서가 아니라 섬기기 위해서, 많은 사람들의 대속물로 주기 위해서 오셨다고 하셨다.

그리스도인의 신앙의 본질은 으뜸이 되거나, 대접을 받기 위해서가 아니라, 종과 같이 섬김으로써 복음을 증거하며 하나님의 영광을 드러내기 위함이라는 사실을 알도록 하자.

그렇다면 어떻게 섬김의 도를 실천할 것인가?

1. 종과 같이 섬기라.

본문 27절에 보면 "너희 중에 누구든지 으뜸이 되고자 하는 자는 너희의 종이 되어야 하리라"고 했다. 여기서 '종'이란 노예를 의미한다. 초대교회 당시 노예는 자신에 대한 권리가 전혀 없는 사람이었다. 오히려 주인에게 예속된 인생이며, 주인을 위해서 평생을 섬기는 자였다. 예수님은 우리에게 바로 이런 종과 같이 되어서 섬김의 도를 실천할 것을 강조하신 것이다.

다음을 읽어 보자.

☞마 20:28을 읽으시오.(p.34)

....

....

2. 스스로 종노릇 하라.

초대교회 당시는 종과 노예가 인정되는 시대였기 때문에 본인의 의지와는 전혀 상관없이 종이 되어서 다른 사람을 섬길 수밖에 없는 사람들이 많았다. 하지만 지금은 어떤 사람에 의해 강제로 종이 되어 섬기는 시대가 아니다. 스스로 종이 되어 섬김을 실천하는 시대이다. 신자는 교회에서나, 사회생활 속에서 종이 되어 섬김을 실천하는 삶을 통해 하나님의 영광을 나타내며, 더 나아가서 많은 영혼을 구원할 수 있다.

다음을 읽어보고, 스스로 종이 되어야 할 이유를 알아보자.

☞고전 9:19을 읽으시오.(p.274)

3. 하나님께 우선권을 두라.

어떤 사람은 세상에서의 삶과 섬김의 삶이 대단히 중요하다고 하면서 주일예배도 드리지 않고 세상으로 나가곤 한다. 하지만 이것은 잘못된 이해에 그 원인이 있다. 신자의 종된 삶에도 우선순위가 있다. 덕과 복음을 위해 사람들에게 종노릇하는 것도 중요하지만 항상 하나님께 우선권을 두어야 한다. 신자의 삶에서 하나님을 섬기는 삶의 우선권을 상실한 채로 종된 삶을 살아갈 수는 없다.

다음을 읽어보고, 주님께 신앙의 우선권이 있음을 확인해 보자.

☞고전 7:22-23을 읽으시오.(p.271)

☞갈 1:10을 읽으시오.(p.302)

나눔의 시간

1. 오늘의 말씀을 통해서 느낀 점을 말해 보자.
2. 구역에서 종된 섬김의 삶을 실천한 방안을 의논해 보자.

제 8 과

신앙의 본이 되라

- 본문 / 마 5:14-16(p.6)
- 찬송 / 381(통425), 502(통259)

◈

할렐루야! 전도합시다!

천국 가는 길

한 전도자가 길을 건너는 아이에게 다가갔다.

"얘야, 이번 주일날 저기 저 교회로 꼭 와. 내가 천국 가는 길을 알려줄게."

그때에 그 어린아이가 말했다.

"아저씨가요? 조금 전에 길을 건널 때 횡단보도로 건너지도 않으셨잖아요? 천국 가는 길도 그렇게 가르쳐 주시게요? 그랬다간 아마 천국에 가기도 전에 죽으실 거예요."

오늘 본문은 예수님의 산상설교 중의 일부이다. 본문 14절에서 예수님은 "너희는 세상의 빛이라"고 하셨다. 신자에게 세상의 빛이라고 하신 것은 빛은 세상이 어두울수록 어두움을 환하게 비취는 기능이 있는 것처럼 신자의 삶이 어두운 세상을 비취는 빛과 같은 것이라는 의미다.

그렇지만 신자의 삶이 빛과 같기 때문에 그들의 행동은 언제든지 드러나게 되어 있음이 문제다. 그렇기 때문에 신자는 자신의 신앙과 생활에서 본이 되어야 전도의 역할을 충실히 수행할 수 있다는 사실을 기억해야 한다.

그렇다면 신자가 무엇에 본이 되어야 할 것인가?

1. 신앙에서 본이 되어야 한다.

그리스도인에게는 교회에서 신앙의 본이 되는 삶을 사는 것이 무엇보다 중요하다. 예배, 기도, 성경읽기, 전도, 교회의 궂은일이 있을 때에 앞장서서 일하기 등 교회에서의 신앙의 본이 되는 삶은 먼저 믿은 신자로서의 아름다운 신앙 자세이다.

특별히 먼저 신앙생활을 한 우리가 앞장서서 신앙에 본이 될 중요한 이유는 무엇인가? 그것은 먼저 믿은 사람이 나중 믿는 사람에게 본이 되어야 나중 믿는 사람도 "신앙생활은 다 저렇게 하는 것이로구나!"하며 그들과 똑같이 신앙생활을 하기 때문이다. 이는 '본'이라는 말의 원어인 '튀포스'(살전 1:7, 딤전 4:12 등)가 음각, 도장, 형상, 그림자라는 의미를 갖고 있음을 통해서도 알 수 있다.

다음을 읽고, 바울이 디모데에게 한 신앙의 본을 알아보자.

☞딤전 4:12-13을 읽으시오.(p.340)

……………………………………………………………………………

……………………………………………………………………………

……………………………………………………………………………

2. 생활에서 본이 되어야 한다.

그리스도인이라고 하여 교회에서만 삶을 살아가는 것이 아니다. 그리스도인의 삶의 현장은 세상이다. 따라서 그리스도인에게는 삶의 현장인 세상에서의 삶 자체도 교회에서 하는 것과 똑같이 주의 일이라는 의식과 함께 생활의 본이 되는 삶이 필요하다.

어떤 그리스도인은 교회에서는 거룩한 그리스도인이 틀림없는데, 교회 밖의 세상 속에서는 사람들에게 손가락질을 당하여 주님의 영광을 가리는 경우를 종종 본다. 그것은 신앙과 삶의 이중성 때문이다.

다음을 읽고, 신자가 생활에서의 본이 필요한 이유를 발견해 보도록 하자.

☞고전 7:22-24을 읽으시오.(p.271)

……………………………………………………………………………

……………………………………………………………………………

……………………………………………………………………………

3. 가정에서 본이 되어야 한다.

가정은 하나님이 우리에게 주신 천국의 최소 모형이며, 어두운 세상 가운데서 복음의 빛을 비추어서 영혼을 구령하도록 주신 영적인 선교관이다. 그렇기 때문에 신자는 자신의 가정을 믿음 안에서 아름답게 가꾸어 나아갈 사명과 책임이 있다. 신자의 가정에서 자녀들이 믿음 안에서 자라며 세상에서도 성공적인 삶의 본을 나타내 보일 때, 부부가 합심하여 가정을 원만하게 이끌 때 주변에서 아름다운 신앙의 가정으로 하나님의 영광을 나타내게 된다.

다음을 읽고, 가정에서 신앙의 본을 보이기 위해서 할 일을 알아보자.

☞엡 6:4을 읽으시오.(p.316)

....

....

....

나눔의 시간

1. 오늘의 말씀을 통해서 느낀 점을 말해 보자.
2. 신자의 가정에서 가정예배의 중요성에 대하여 자신의 의견을 말해 보자.

제 9 과

좋은 인간관계를 가지라

- 본문 / 벧전 1:22(p.378)
- 찬송 / 250(통182), 559(통305)

◈

할렐루야! 전도합시다!

사람에게 너무 실망해서

세례까지 받은 어느 고등학교 교사가 교회를 등졌다. 평소 그를 아끼던 목사님이 안타까운 마음에 그 이유를 물었다. 그는 조금도 주저함이 없이 대답했다. "목사님, 기독교인은 너무 사랑이 없습니다. 이기적이며, 믿지 않는 사람들보다 더 불친절합니다. 정직하지 못한 경우도 너무나 많습니다. 교회에서는 자기들끼리만 어울립니다. 그래서 처음 온 사람이 소외감을 느끼고 등을 돌리어 떠납니다. 성경을 못 믿어서가 아니라 기독교인들에게 너무 실망해서입니다."

대부분의 사람들이 이와 같이 하나님이 아니라, 사람에게 실망하여 교회를 떠나는 안타까운 경우가 종종 발생한다. 우리에게는 믿음도 중요하지만 무엇보다 좋은 인간관계를 형성하는 것이 필요하다.

부흥하는 대부분의 구역은 좋은 신앙생활과 더불어 좋은 인간관계와 강한 결속력을 가지고 있는 것을 보게 된다. 본문에서도 형제를 사랑하되 마음으로 뜨겁게 피차 사랑하라고 했는데, 교회에서의 형제와 자매들과의 인간관계는 어떤 이권이 아닌 순수한 신앙적인 사랑에서 출발해야 함을 나타내는 것이다.

그렇다면 그리스도인이 좋은 인간관계를 가질 필요는 무엇인지 알아보자.

1. 그래야 전도가 된다.

과거와 달리 현대의 전도는 관계를 통한 전도의 중요성을 강조한다. 관계전도는 삶의 현장에서 일어나는 좋은 인간관계를 통한 전도이다.

그리스도인들이 삶의 현장에서 좋은 인간관계를 맺도록 힘써야 할 이유는 그러한 관계를 통해 전도의 역사를 일으킬 수 있으며, 불신자의 영혼 구원의 초석이 되기 때문이다. 신자가 자신의 삶의 현장에서 좋은 인간관계를 맺으면서 자기의 집으로 정기적으로 초대하여 관계를 맺고 복음을 전할 때에 전도가 되고, 구역에서도 불신 영혼의 가족을 초대하여 좋은 관계를 맺을 때에 전도의 능력이 나타나게 된다.

다음을 읽고, 초대교회의 전도 비결을 알아보자.

☞행 5:42을 읽으시오.(p.196)

··

··

··

2. 그래야 축복이 온다.

어떤 사람은 하나님께 기도를 했는데 왜 축복하지 않으시는지 모르겠다고 불평한다. 우리가 기억해야 할 것은 하나님이 주시는 축복은 물질적인 것이 아닌, 삶의 현장에서 좋은 인간관계를 통해서 주신다는 사실이다. 하나님은 사람을 통해서 축복을 전달해 주신다. 그렇기 때문에 신자가 자신의 삶의 현장에서 좋은 인간관계를 형성하게 되면 축복은 저절로 온다는 사실을 기억해야 할 것이다. 신자는 기도할 때마다 좋은 사람을 만나는 만남의 축복을 위해서 기도하는 것이 중요하다.

다음을 읽고, 애니아의 축복의 원인을 알아보자.

☞행 9:32-35을 읽으시오.(p.203)

··

··

··

3. 그래야 행복해진다.

어떤 사람은 말하기를 인간은 사회적인 동물이라고 했다. 그 말은 인간은 독방이나 무인도에서 혼자 사는 것이 아니라 여럿이서 관계를 맺으며 살아야 하는 존재임을 의미하는 것이다. 마찬가지로 인간의 행복도 혼자서가 아니라, 관계를 아름답게 맺고 살아갈 때에 오게 된다. 하나님과의 아름다운 관계, 삶의 현장에서 사람들과의 아름다운 관계, 교회에서나 구역에서의 성도들과의 아름다운 관계, 가정에서 가족 구성원들 간에 맺어지는 아름다운 관계를 통해서 인간은 행복감을 느끼고 안정감을 느끼게 된다.

다음을 읽고, 신자가 행복을 위해서 할 일을 알아보자.

☞신 10:12-13을 읽으시오.(p.278)

....

....

....

나눔의 시간

1. 오늘의 말씀을 통해서 느낀 점을 말해 보자.
2. 구역에서 전도를 위하여 좋은 인간관계를 맺어 나갈 사람을 찾아보고, 그를 위해서 기도하도록 하자.

제 10 과

삶의 현장을 변화시키라

- 본문 / 요 17:11-19(p.178)
- 찬송 / 79(통40), 88(통88)

◈

할렐루야! 전도합시다!

크리소스톰 이야기

크리스천이란 이유로 체포당한 그를 황제는 독방에 가두라고 했다. "폐하, 크리소스톰은 크리스천입니다." "그래서?" "크리스천은 독방에 가두면 더 좋아합니다. 하루 종일 웃고, 중얼중얼 기도하며 기뻐합니다." "그래? 그럼 흉악범과 한 방에 넣어라." "그것도 안 됩니다. 오히려 전도할 기회로 생각하고 좋아합니다. 그리고 머잖아 그 흉악범들이 다 크리스천이 되고 맙니다." "고얀 놈! 그럼 목을 쳐라!" "폐하, 황공하옵게도 목을 치면 순교를 하는 것이 되며, 크리스천들은 가장 큰 상급을 받을 줄 알고 오히려 찬송하고 웃으면서 죽습니다."

기독교인이 있는 곳은 어느 곳이나 변화가 일어나게 되어 있다.

오늘 본문에 보면, '세상' 이라는 단어가 나온다. 본문에 나오는 세상은 환란, 고난, 고통, 모순투성이의 장이요, 힘들고 어려운 삶의 현장이다. 그럼에도 불구하고 본문 18절을 보면, 예수님은 백성들을 위한 대제사장적 기도를 하면서 그 모순투성이의 세상 속으로 아버지께서 나를 보내신 것처럼 나도 너희를 세상에 보내었다고 밝히신다.

그렇다면 무엇 때문에 예수님은 우리를 세상 속으로 보내신 것일까? 그리스도인은 주님이 나를 이 세상의 나의 삶의 현장에 보내셨다는 '보냄 받은 의식' 을 가지고, 나의 삶의 현장을 주님의 복음으로 변화시키는 삶을 살아야 한다. 그렇다면 우리가 우리의 삶의 현장을 변화시켜야 할 이유는 무엇인가?

1. 그곳은 축복의 장(場)이기 때문이다.

하나님이 주시는 그리스도인의 축복은 우리의 삶의 현장을 통해서 나타난다. 하나님은 신자의 삶의 현장을 통해서 자기 백성들이 복되게 살도록 허락하셨다. 그러므로 신자는 자기의 삶의 현장을 귀하게 여기고 그곳을 통해서 주님이 주시는 축복의 문이 열리기 위해서 기도해야 한다.

다음을 읽고, 십일조 생활을 잘 할 때에 하나님은 어떤 방법으로 축복을 주시는지 알아보자.

☞말 3:10-12을 읽으시오.(p.1330)

....

....

....

2. 그곳은 사명 완성의 장(場)이기 때문이다.

본문에서 '보냄 받음' 에 해당하는 헬라어는 '아포스텔로' 이다. 이는 단순하게 그냥 보낸 것이 아니라, 어떤 사명이나 임무를 부여해서 보냈음을 의미한다. '사도' 란 뜻의 '아포스톨로스' 는 여기서 파생된 단어로, 주님께로부터 특별한 사명을 띠고 보냄을 받은 자를 의미한다.

본문 18절에서 주님은 우리 그리스도인 모두를 세상에 보내었다고 밝히고 있다. 그것은 그 세상의 삶의 현장을 통해서 우리에게 부여한 사명과 임무를 완성하도록 요구하심이요, 더 나아가서 신자의 축복과 상급은 바로 나의 삶의 현장에서 나의 사명을 완수해 나갈 때에 이루어진다는 것을 보여주는 것이다.

다음을 읽고, 그리스도인이 세상과 관련해서 하지 말아야 할 것들을 알아보자.

☞요일 2:15-17을 읽으시오.(p.389)

....

....

....

3. 그곳은 전도의 장(場)이기 때문이다.

주님이 보내신 세상의 삶의 현장에서 신자가 자기의 사명을 발견하고, 그 사명을 완수해야 하는 중요한 이유 중 하나는 신자가 자신의 삶의 현장을 통해 영혼 구원의 역사를 이룰 수 있다는 데에 있다. 불신 영혼을 구원하는 큰 역사는 집 안에 가만히 앉아 있을 때가 아닌, 삶의 현장에 뛰어 들어 복음을 전할 때에 이루어진다.

예수님은 이 사실을 너무나도 잘 알고 계셨기 때문에 12제자들을 선택해서 세상으로 보내셨고, 70인을 선택해서 보내셨다. 또한 이 같은 사실은 바울 사도를 선택하여 보낸 위임령에도 잘 나타난다.

다음을 읽어 보자.

☞막 3:13-15을 읽으시오.(p.57)

☞눅 10:1-2을 읽으시오.(p.109)

☞행 22:21을 읽으시오.(p.228)

나눔의 시간

1. 오늘의 말씀을 통해서 느낀 점을 말해 보자.
2. 우리의 삶의 현장을 어떻게 해서 바꾸어 갈지 말해 보자.

제 11 과

이원론을 경계하라

- 본문 / 롬 8:5-6(p.49)
- 찬송 / 260(통194), 268(통202)

◈

할렐루야! 전도합시다!

성경책의 보호

전쟁터에서 총알이 빗발치듯 날아왔다. 한 병사가 가슴에 총알을 맞았다. 찢어지는 듯한 아픔은 느꼈으나 죽지는 않았다. 팔에는 피가 줄줄 흘렀다. 가슴으로 향한 총알은 다행히 윗주머니에 넣어 두었던 성경책에 박혀 있었던 것이다. 성경을 가까이하며 틈이 날 때마다 읽었던 그 병사의 성경책은 그 병사의 영혼도 구원받게 하였지만, 그 병사의 육신까지 구해주었다. 그렇다. 성경책은 늘 가까이 두고 읽으라고 있는 것이다. 기독교의 성경책은 이방신의 부적과 다르다. 그 안에는 영혼과 육신을 구원할 생명의 양식이 있다.

본문 6절에 육신의 생각은 사망이요, 영의 생각은 생명이라는 말이 나온다. 이 말을 세상적이고 육신적인 모든 영역의 것은 나쁜 것이고 영적인 것은 좋은 것이라는 것처럼 이원론적으로 잘못 해석할 수 있다. 하지만 현대어 성경에서처럼 성령을 따라 살면 생명과 평안을 누리게 되지만 육신을 따라서 살면 죽음에 이르게 된다고 해석하는 것이 중요하다.

그리스도인들이 신앙생활에서 혼돈하기 쉽고, 미처 생각지 못하면서 휩쓸려 버리기 쉬운 것 중에 하나가 잘못된 이원론의 문제다. 그것은 종교적인 행위는 옳고, 세상적인 일은 그르다거나, 교회에서 하는 일은 좋고 영적이며, 세상에서 하는 일을 세속적이고 죄된다고 하는 식의 이분법적인 잘못된 사고(思考)이다.

그렇다면 신자가 경계해야 할 잘못된 이원론은 무엇인가?

1. 영혼과 육체의 문제이다.

잘못된 이원론으로서 기독교인이 경계해야할 것 중 하나는 인간은 영혼과 육체의 두 실체로 되어 있는데, 이 가운데 영혼은 거룩한 것이고, 육신은 속된 것으로 보는 견해이다.

그렇지만 성경적인 인간관은 영혼에 관련된 활동이건, 육체에 관련된 활동이건 간에 성령님을 따라 살며 성령님의 지배를 받으면 영적이고 거룩한 것이며, 옛 사람의 지배를 받으며 옛 사람을 따라서 살면 육적이고 속된 것이 된다는 이론이다. 초점은 성령님의 지배를 받으며 성령님을 따라서 사느냐 그렇지 않느냐의 문제다.

다음을 읽고, 현대어 번역 성경을 통해서 확인해 보자.

☞롬 8:5-8을 읽으시오.(p.249)

....

....

....

2. 삶의 영역의 문제이다.

어떤 사람은 우리의 삶의 영역을 교회와 세상으로 나누고, 교회와 관련된 활동은 종교적이라서 하나님께 영광이 되지만, 세상과 관련된 모든 활동은 육적인 것이라 속되고 죄되다고 보는 잘못된 이원론의 견해를 취한다.

그렇지만 우리가 기억할 것은 교회의 활동 영역에서도 얼마든지 육적이고 세상적이며 속된 현상을 찾아 볼 수 있고, 세상의 활동에서도 얼마든지 영적이며 하나님의 영광을 드러내는 활동을 많이 찾아 볼 수 있다는 것이다.

중요한 것은 우리가 옛 사람의 지배를 받으면서 사느냐, 아니면 성령님의 지배를 받으면서 사느냐이지 어떤 삶의 영역에 속하느냐의 문제가 아니라는 사실이다.

다음을 읽어 보자.

☞약 4:1-4을 읽으시오.(p.374)

....

....

....

3. 일의 문제이다.

잘못된 이원론을 주장하는 사람들은 교회에서 하는 일은 거룩하고 영적이며, 세상에서 하는 일들은 속되다는 견해를 취한다. 그렇지만 우리가 어떤 곳에서 일을 하든지 삶의 현장은 바로 주님이 우리를 보내신 곳이기 때문에 내가 무슨 일을 하느냐가 중요한 것이 아니라, 내가 하는 일을 통해서 하나님의 영광을 드러내는 삶을 살고 있느냐가 중요한 것이다.

우리가 기억해야 할 것은 교회에서 하는 일도 얼마든지 하나님의 영광을 가릴 수 있어서 죄 될 수 있으며, 세상의 일에서도 얼마든지 하나님의 영광을 나타내면서 살 수 있다는 것이다. 중요한 것은 무슨 일을 하느냐가 아니라, 그 일을 통해서 하나님의 영광을 나타내면서 사느냐의 문제이다.

다음을 읽어 보자.

☞고전 10:31을 읽으시오.(p.276)

....

....

....

나눔의 시간

1. 오늘의 말씀을 통해서 느낀 점을 말해 보자.
2. 우리의 신앙생활에서 잘못된 이원론적인 모습은 무엇인가?

제 12 과

참된 영성을 알라

- 본문 / 롬 8:29-30(p.250)
- 찬송 / 420(통212), 91(통91)

◈

할렐루야! 전도합시다!

예수님을 알기 전과 후

독일에서 세금 징수원의 아들로 태어나서 10세 때부터 절도를 일삼던 자가 있었다. 16세 때에는 아버지의 금고를 털어 멀리 도망갔다가 결국은 유치장 신세를 지게 된 사람이었다. 전혀 쓸모없는 인간, 차라리 죽어버리는 것이 더 낫겠다는 평을 받은 불량 청소년이었다. 그런데 그가 놀랍게도 그리스도를 영접하게 되었다. 어떻게 되었을까?

그리스도인으로 변화된 그는 영국으로 건너가 수만 명의 전쟁고아들을 보살폈다. '세계 최고의 기도가'인 조지 뮐러의 이야기다. 그리스도를 만나기 전의 사람과 만난 후의 사람은 이렇게 다르다.

신앙생활에서 신자가 혼돈하기 쉬운 것 중에 하나는 영성이라는 단어를 생각하면 어떤 신비한 모습을 떠올리기 쉽다는 것이다. 그렇기 때문에 오늘날 많은 사람들이 참된 영성을 떠나서 신비주의에 미혹되어 바른 신앙생활을 하지 못하고 교회에서 수많은 문제들을 야기하는 경우를 흔히 보게 된다.

우리가 기억할 것은 참된 영성은 얼마나 신비로운 체험을 많이 하였는지로 가늠하지 않는다는 것이다.

그렇다면 참된 영성의 3가지 기준은 무엇인지 알아보자.

1. 얼마나 주님께 헌신하고 있는가?

영어에서 헌신은 디보션(devotion)이라고 하는데, 이는 주님께 대한 깊은 사랑이 전제된 상태의 헌신을 의미한다. 남녀관계에서도 진실로 깊이 있게 사랑하게 되면 자신의 모든 것을 바쳐서 헌신하며 사랑하되 그래도 부족한 것처럼 느껴지는 것처럼, 신자가 주님을 진실로 사랑하게 되면 주님께 나의 모든 것을 다 드려서 헌신한다고 할지라도 조금도 아까운 마음이 들지 않고 오히려 그럴수록 더욱더 부족함을 느끼게 되는 사랑이 전제된 헌신이다.

진실로 신자가 주님을 사랑하되 내 모든 것을 아낌없이 헌신하여 드릴지라도 부족하게만 느껴지는 사랑을 하고 있다면 참된 영성의 소유자라고 할 수 있다.

다음을 읽고, 주님이 요구하는 헌신을 알아보자.

☞신 6;4-5을 읽으시오.(p.271)

....

....

2. 얼마나 친밀한 관계를 유지하는가?

사람이 사랑하는 사람을 만나게 되면 그와 친밀함을 느끼게 되며, 동시에 친밀한 관계가 형성될 때에는 잠시만 떨어져 있어 금방 보고 싶어지고 그리워지는 것이 사랑의 이치다.

신앙생활에서도 참된 영성을 가진 사람은 언제나 하나님과의 관계가 친밀하게 유지된다. 그 때문에 예배시간을 사모하게 되고, 주님의 말씀이 그리워지며, 찬송이 즐거워지고, 기도로 주님과 대화를 하니 행복하게 되는 것이다.

신자가 주님과 친밀하게 지내기 위해서는 자신의 죄를 항상 자복하여 회개하며, 내 모든 마음의 문을 열고 주님을 모시고 살아가는 것이 중요하다.

다음을 읽어 보자.

☞시 25:11-15을 읽으시오.(p.818)

3. 주님을 얼마나 닮아가고 있는가?

예로부터 남녀 두 사람이 결혼하여 살아가다가 보면 이상하게도 서로 비슷하게 닮아간다고 말을 한다. 먹는 음식의 식성이 닮아가며, 성격도 닮아가고, 말과 행동까지도 닮아갈 뿐만 아니라 심지어는 얼굴의 모양새까지도 닮아간다.

신자가 참된 영성을 소유하고 있다면, 그 사람은 당연히 주님을 사랑할 것이고, 또한 주님의 형상을 닮아가게 될 수밖에 없음은 자명한 신앙이치이다. 얼마나 주님을 닮아 가고 있는가? 그것이 바로 참된 영성의 모습이다.

다음을 읽고, 주님을 닮아가는 신앙을 확인해 보자.

☞롬 8:29-30을 읽으시오.(p.250)

....

....

....

나눔의 시간

1. 오늘의 말씀을 통해서 느낀 점을 말해 보자.
2. 우리 주변에서 바르지 않은 영성의 예를 들어보고, 참된 영성을 다시 확인 해보자.

제 13 과

영적 성숙을 이루라

- 본문 / 벧후 3:16-18(p.387)
- 찬송 / 420(통212), 452(통505)

◈

할렐루야! 전도합시다!

너보다 더 감사

어떤 집에 부자(父子)가 살았다. 어느 날 아들이 평소보다 30분이나 늦게 집에 도착해서는 흥분해서 말했다. "아버지, 하나님의 은혜가 얼마나 큰지요. 저녁에 집에 돌아오는데, 반대편에서 마주 오던 차가 중앙선을 넘어와 정면충돌로 큰 사고가 날 뻔 했습니다. 옆에 다른 차가 없어서 얼마나 감사한지요." 그 말을 듣고 함께 감사의 감격을 나누던 아버지도 말했다. "가만히 생각해 보니 나는 너보다 더 감사하구나." "아니 그럼 아버지도?" "아니다. 큰 사고 없이 잘 다녔으니 더욱 감사하지 않니?" 아버지의 영적으로 더 성숙한 감사를 볼 수 있다.

어린아이를 통해서 발견할 수 있는 진리 중 하나는 건강하다는 것과 성숙한 것에는 차이가 있다는 사실이다. 어린아이가 건강할 수는 있지만, 성숙하기 위해서는 더 많은 시간이 필요한 것처럼, 영적으로 건강하다고 할지라도 성숙한 신앙을 갖기 위해서는 영적 성숙을 이루어 가야 한다. 신자는 건강한 신앙과 성숙한 신앙의 균형을 잘 유지하여야 한다. 그래야만 참된 영성을 유지할 수 있으며, 주님이 기뻐하시는 믿음의 덕을 세우는 사람이 될 수 있기 때문이다.

그렇다면 영적 성숙을 이루는 비결은 무엇인가?

1. 성장을 통해서 온다.

초대교회 당시 어떤 거짓 교사들은 인간의 구원은 그 사람의 영혼에 관계된 것이기 때문에 육신은 아무리 방탕해도 상관이 없다는 이상한 이론을 펴서 사람들을 미혹하였다.

하지만 베드로 사도는 본문에서 그러한 사상을 경계하도록 권면하면서 신자가 날마다 신앙적으로 자라가서 영적인 성숙을 이루어야 할 것을 강조했다. 영적 성숙은 오늘 예수님을 믿었다고 그 자리에서 이루어지는 것이 아니다. 누구든지 회개하여 예수님을 구주로 영접하면 그 즉시로 구원받아 하나님의 자녀가 되지만, 구원받은 자녀가 장성한 믿음을 갖기 위해서는 날마다 "예수 그리스도의 은혜와 그를 아는 지식에서"(18절) 자라가야 한다.

다음을 읽어 보자.

☞엡 4:13-15을 읽으시오.(p.313)

....

....

☞고전 13:11을 읽으시오.(p.279)

2. 시련을 통해서 온다.

때때로 신앙인에게도 시련이 올 때가 있다. 그럴 때에 우리는 생각하기를 어찌하여 저 사람은 예수를 잘 믿는데도 저런 시련을 당하는지 모르겠다고 의아하게 여기기 쉽다.

하지만 우리가 기억할 것은 불신자가 고통을 당하고 시련을 당하게 되면 그 속에 분노가 쌓여서 일그러진 영혼이 되지만, 참된 신앙인이 시련을 당하게 되면 오히려 그럴수록 주님께로 더욱 가까이 감으로써 영적으로 성숙한 신앙인으로 거듭 태어나게 된다는 것이다. 영적 성숙은 저절로 이루어지는 것이 아니라 성장과 시련의 과정을 통해서 이루어지는 아름다운 열매다.

다음을 읽고, 신자가 환란 중에서 기뻐할 수 있는 이유를 발견해 보자.

☞롬 5:3-4을 읽으시오.(p.245)

3. 버릴 것을 버릴 때에 온다.

때때로 건강하게 자라던 어린아이도 병들 때가 있어서 성장을 방해하는 경우가 있다. 그럴 때면 부모님은 얼른 병원에 아이를 데려가서 병의 원인을 진단하여 치료하게 되는데, 그렇게 되면 또다시 건강하게 성장하여 나아갈 수 있게 된다.

마찬가지로 신자가 예수를 믿고 영적 성숙을 향해 나아가다가도 영적으로 병에 걸려서 영적 성숙을 이루지 못하는 경우를 종종 발견한다. 이럴 때에는 영적인 병원인 교회로 달려가서 내 영의 잘못된 부분을 제거하고 새롭게 거듭나야 한다.

신자가 영적 성숙을 이루어가려면 버릴 것을 과감하게 버려야 한다. 세상적인 것, 죄악된 것, 비 신앙적인 요소 등등 우리가 예수를 믿기 전에 세상적으로 생각하고 말하고 살아왔던 것들을 버리고 은혜와 진리로 새롭게 무장되는 것이 필요하다.

다음을 읽고, 우리가 버릴 것을 알아보자.

☞벧전 2:1-2을 읽으시오.(p.378)

....

....

....

나눔의 시간

1. 오늘의 말씀을 통해서 느낀 점을 말해 보자.
2. 교회에서 성숙한 신앙인의 모습의 예를 들어보자.

제 14 과

당신의 영성을 계발하라

● 본문 / 요 15:7-8(p.174)
● 찬송 / 354(통394), 546(통399)

◈

할렐루야! 전도합시다!

소경과 등불

깜깜한 밤중에 등불을 든 소경과 어떤 사람이 부딪쳤다. 소경은 화가 나서 부딪친 사람에게 소리를 쳤다.

"여보시오. 나는 장님이라 앞을 볼 수 없지만, 당신은 이 등불도 안 보이시오?"

"그래요? 당신이 등불을 가지고 있기는 하지만 그 등불은 지금 꺼져 있어요."

내 영의 눈과 내 영의 등불을 한 번 점검해 보면 어떨까?

그리스도인의 영성은 계발되지 않으면 안 된다. 아무리 건강한 영성의 소유자라고 할지라도 그 상태로 오랫동안 방치할 경우 영성은 점점 무디어질 수밖에 없다. 하지만 신자가 자신의 영성의 발전을 위해 날마다 계발해 나갈 때 그 영성은 더욱 건강해지고 아름다워질 것이다.

그렇다면 영성 계발을 위해서 어떻게 해야 할까?

1. 기도의 생활화

기도의 생활화란 삶 속에서 항상 깨어 기도하는 것을 의미한다. 어떤 사람은 평상시에 전혀 기도하지 않다가도 다급하고 심각한 일이 생길 때에만 기도원에 올라가 밤새도록 매달려 기도하며, 새벽 기도회에 참석하는 것을 볼 수 있다. 물론 이와 같이 기도는 필요하다. 하지만 신자는 미리미리 매일의 삶 속에서 기도해야 한다. 신자의 영적 성장은 매일매일 성령 안에서 기도하는 삶을 살아갈 때에 이루어진다.

다음을 읽고, 어떻게 기도하라고 했는지 알아보자.

☞엡 6:18을 읽으시오.(p.316)

....

....

....

2. 말씀 안에 거하는 삶

우리가 예수를 믿기 전이든지, 예수를 믿은 후이든지 하나님의 말씀의 진리를 모를 때에는 내가 무엇을 원하며, 나의 야심은 무엇인지 등에 대한 세상적인 것들을 중요시하면서 살아간다. 하지만 신앙생활이 깊어지고 영적 성장이 점점 이루어지면 '나' 라고 하는 존재는 점차 죽어가며, 육신이 원하는 것보다 주님이 원하시는 것이 무엇인지에 대해 갈망하게 된다. 신자가 영적으로 성장하고 주님이 원하시는 삶을 살아가기 위해서는 매일 말씀 안에 거해야 한다. 말씀 안에 거할 때에야 주님이 원하시는 것을 깨달아 기도할 수 있게 된다.

다음을 읽고, 우리에게 가르치신 기도 응답의 비밀을 알아보자.

☞요 15:7을 읽으시오.(p.174)

....

....

....

3. 묵상의 시간

영적 성장의 세 번째 길은 하나님의 말씀을 날마다 묵상하는 것이다. 구약성경에서 보면 선지자들은 특별히 하나님과 조용한 시간을 많이 가졌던 것을 발견할 수 있다. 신약에서도 참된 신앙의 사람들은 하나님의 말씀을 가까이하며 회개와 경건의 기도시간을 많이 가졌던 것을 볼 수 있다. 신자가 매일 말씀 묵상하는 시간을 가질 때에 영적으로 성숙과 함께 주님의 큰일을 이루는 은총을 얻게 될 것이다.

다음을 읽고, 말씀 묵상의 중요성을 알아보자.

☞시 119:97-105을 읽으시오.(p.892)

....

....

....

....

나눔의 시간

1. 오늘의 말씀을 통해서 느낀 점을 말해 보자.
2. 영적 성장을 위해서 그동안 했던 일이 있으면 말해 보자.

제 15 과

경건의 시간을 가지라

- 본문 / 합 2:1(p.1303)
- 찬송 / 494(통188), 364(통482)

◈

할렐루야! 전도합시다!

감옥과 수도원

감옥과 수도원의 공통점과 차이점은 무엇일까?

〈공통점〉 세상과 격리되어 있다.

〈차이점〉 감옥은 불평으로 가득 차 있지만, 수도원은 감사로 가득 차 있다.

〈결 론〉 감옥에도 감사가 있으면 수도원이 될 수 있고, 수도원도 불평이 생기기 시작하면 감옥과 다를 바 없다.

한국 교회의 신자와 미국 교회의 신자를 비교해 보면 한국 교회 성도들은 뜨겁고 열심이다. 새벽 기도도, 철야 예배도, 각종 집회도 열심이다. 하지만 삶의 변화 부분에서는 미약하다는 약점이 있다. 미국 교회의 신자들을 보면 대부분 일주일에 한두 번 밖에 집회에 참석하지 않고 새벽 기도도 철야 예배도 없지만, 그들의 삶은 신앙이 기초가 되며 성숙한 신앙이 삶에 적용되는 것을 발견한다.

신자가 개인적으로 경건의 시간을 갖는 것이 중요한 이유는 경건의 시간을 통해서 개인 신앙의 성숙과 인격의 변화, 그리고 삶의 변화를 이루어서 하나님의 영광을 나타낼 수 있기 때문이다. 그렇다면 여기서 경건의 시간에 대하여 몇 가지를 알아보자.

1. 경건의 시간의 필요성

신자에게서 경건의 시간은 아무리 강조해도 부족함이 없을 정도로 중요하다. 그렇다면 경건의 시간이 그렇게 중요하고 필요한 이유는 무엇인가?

그것은 하나님이 우리에게 요청하시기 때문이다. 성경은 경건의 시간이 우리의 영혼을 위해 매우 효과적이고 중요하다고 설명한다. 경건의 시간을 많이 가진 사람일수록 영적 건강과 영적 성장의 모습이 아름다워진다. 그러므로 신자는 경건의 시간을 어떤 것보다도 가장 중요한 것으로 여기며 힘써야 한다.

다음을 읽고, 경건의 시간과 연결하여 기자의 심정을 말해 보자.

☞합 2:1-3을 읽으시오.(p.1303)

....

....

....

☞시 42:1을 읽으시오.(p.831)

....

2. 경건의 시간을 위한 태도

신자가 개인적으로 경건의 시간을 갖기 위해서는 먼저 조용한 장소를 선택하여 조용한 시간에 경건한 마음자세를 갖는 것이 중요하다. 하루 중에 자신에게 가장 적합하고 알맞은 시간을 정해서 주님과 영적인 교제를 할 수 있는 시간을 갖는 것은 매우 중요하다. 그래서 그곳에서 주님을 바라보고 주님과 개인적인 그리고 영적인 교제를 하며, 주님의 임재하심을 기다린다.

다음을 읽어 보자.

☞시 46:10을 읽으시오.(p.835)

3. 경건의 시간과 성경읽기

경건의 시간은 하나님과 나누는 대화와 교제의 시간이다. 대화라는 것은 서로 말을 주고받는 것을 의미한다. 신자가 자신의 영적 성장을 위해서 날마다 말씀을 읽고 그 말씀을 묵상하게 되면 내게 말씀하시는 주님의 말씀이 들려오게 된다. 신자는 먼저 나를 향한 주님의 음성에 귀를 기울이는 훈련을 잘해야 한다. 그래야 하나님과 영적인 대화를 시작할 수 있다.

다음을 읽고, 말씀 읽기의 결과를 알아보자.

☞시 119:103을 읽으시오.(p.892)

....

....

....

4. 경건의 시간과 기도훈련

경건의 시간에 말씀을 읽고 그 말씀을 통해서 내게 주시는 주님의 음성을 발견한 다음에 주님과의 대화를 위해 기도시간을 갖는다. 우리가 기도하는 방법으로는 찬양, 감사, 회개, 간구, 중보 기도, 예수님의 이름으로 기도합니다의 순서로 보통 진행된다. 신자가 기도를 통해서 자신의 말을 하나님께 아뢸 때에 하나님은 우리에게 응답으로 축복하신다.

다음을 읽고, 기도 응답을 알아보자.

☞요 16:23-24을 읽으시오.(p.176)

....

....

....

나눔의 시간

1. 오늘의 말씀을 통해서 느낀 점을 말해 보자.
2. 경건의 시간을 가졌던 경험이 있으면 말해보고, 앞으로 경건의 시간을 가질 계획을 세워보자.

제 16 과

영적 건강을 유지하라

- 본문 / 골 3:15-17(p.327)
- 찬송 / 213(통348), 287(통205)

◈

할렐루야! 전도합시다!

비둘기의 건강

성령을 상징하는 비둘기는 더러운 곳을 날아다녀도 더러워지지 않고 항상 깨끗함을 유지할 수가 있다고 한다. 그 이유는 비둘기의 날개 밑에서 기름이 늘 나와, 그것이 비둘기를 깨끗하게 만들어주기 때문이라고 한다. 더럽고 죄악 된 세상에서 주님의 자녀답게 깨끗하게 살려면 항상 성령 충만한 삶, 영적으로 건강한 삶을 살아야겠다.

신자가 살아가는 세상도 죄악으로 가득한 곳이다. 그렇기 때문에 우리가 아무리 죄와는 관계없이 살아가려고 한다고 할지라도 나 자신도 모르게 죄가 우리를 틈타서 죄에 오염될 수밖에 없는 것이 이 세상이다. 신자가 이와 같이 죄로 가득 찬 세상에서 죄에 휩쓸리지 않으려면 영적인 건강을 유지하는 것이 중요하다.

그렇다면 영적 건강을 유지하는 비결은 무엇인가?

1. 말씀을 가까이 하라.

육신의 사람이 건강을 유지하려면 음식을 잘 먹어야 한다. 마찬가지로 우리의 영혼의 건강을 위해서는 영혼의 양식인 하나님의 말씀을 부지런히 먹어야 건강할 수 있다. 그리스도인은 하루에 성경을 최소한 3장 이상씩 부지런히 읽는 것이 중요하다. 성경을 지속적으로 가까이 하여 읽는 사람의 영혼은 영적 건강을 유지하는데 어려움이 없다.

☞벧전 2:2을 읽으시오.(p.378)

....

....

....

2. 감사하는 삶을 살라.

신자가 감사하는 삶을 살아야 하는 것은 누구나 다 아는 사실이다. 그렇지만 삶의 현장에서 일주일 내내 살아가다가 보면 감사보다는 불평과 원망의 말이 나올 때가 많다. 불평, 원망, 비난의 말은 내 심령을 파괴하지만 감사의 말은 마음에 평강이 오게 하고, 영적 건강을 유지하게 만든다.

☞골 3:14-17을 읽으시오.(p.327)

....

....

....

3. 봉사의 삶을 살라.

봉사는 내 영혼의 영적 운동과 같다. 운동은 육신의 건강한 삶을 위해서 항상 필요하듯이, 영혼의 건강을 위해서는 봉사의 삶이 필요하다. 이 세상은 다 자기중심적이고 이기적이어서 봉사로 섬기는 사람들이 부족하다. 그렇지만 우리는 그리스도 안에서 자발적으로 봉사의 삶을 살 때에 행복과 보람이 있고 영적 건강을 유지할 수 있게 된다.

그렇다면 봉사는 어떤 자세로 할 것인지 알아보자.

☞골 3:23-24을 읽으시오.(p.327)

....

....

....

4. 기도의 삶을 살라.

사람이 숨을 쉬지 못한다면 단 한순간도 살아 있을 수가 없는 것은 자명하다. 육신의 건강을 위해서 호흡이 필요하듯이, 영적인 건강을 위해서는 영혼의 호흡인 기도가 필요하다.

그렇다면 어떻게 기도할 것인가?

☞살전 5:17을 읽으시오.(p.333)

....

....

....

☞눅 18:1을 읽으시오.(p.126)

....

☞엡 6:18을 읽으시오.(p.316)

5. 적당한 휴식이 필요하다.

현대인들은 스트레스가 많이 쌓이는 삶을 살기 때문에 적당한 휴식의 시간을 갖는 것이 필요하다는 것은 주지(周知)의 사실이다. 그래서 미국의 어떤 심리학자는 현대인은 1주일에 한 번 정도씩은 한적한 시골 같은 곳을 찾아가서 산림 속을 마냥 걸으며 쉼을 가져야 한다고 제안하기도 했다. 신자도 때때로 적당한 휴식의 시간을 가져야 한다. 그런데 신자의 휴식은 세상의 그런 휴식을 뛰어넘어서 주님 안에서 참된 평안과 안식에 들어가는 것을 의미한다.

다음을 읽어 보자.

☞히 4:9-10을 읽으시오.(p.356)

나눔의 시간

1. 오늘의 말씀을 통해서 느낀 점을 말해 보자.
2. 영적 건강을 위해서 어찌할지 의논해 보자.

제 17 과

성령의 사람이 되라

● 본문 / 롬 8:1-6(p.249)
● 찬송 / 91(통91), 182(통169)

◈

할렐루야! 전도합시다!

이 배에 타고 있답니다.

안데르센이 젊었을 때 이야기다. 그는 당시 유명한 여류 소설가 브레멘을 만나고 싶어 배를 탔다. 그런데 우연히 선장과 이야기를 나누던 안데르센은 실망을 하고 말았다. 선장이 안데르센에게 '그녀가 외국 여행 중'이라는 신문 기사를 본 적이 있다고 했기 때문이었다. 잠시 후, 선장이 다시 안데르센에게 뛰어왔다. "안데르센 씨, 기뻐하세요. 그녀가 바로 이 배에 타고 있답니다." 우리는 종종 우리와 함께 하시는 성령님을 모르고 걱정을 할 때가 있다.

신자가 예수님 안에서 거듭난 후에 그의 일상의 삶 속에서 성령님의 사람으로 살아가는 것이 중요하다. 성령님의 인도함을 받아 살아가면 이 세상이 아무리 험하고 어렵다고 할지라도 두려움과 걱정 없이 평강 가운데서 살아갈 수 있기 때문이다. 신자가 성령님의 지배 아래서 살아가면 그의 영은 자유함을 누리지만, 죄와 마귀의 지배 아래서는 인간의 영이 자유를 누리지 못하고 억압을 당한다.

그렇다면 성령님이 내 안에서 하시는 일을 생각해 보자.

1. 죄와 사망의 법에서 해방시킨다.(2절)

우리가 예수님을 알고 예수님을 구주로 영접하기 전까지는 죄와 사망이 나를 완전히 노예로 붙잡아서 내 삶과 생각을 지배하고 있었다. 하지만 우리가 예수 그리스도 안에 들어오는 순간 성령님의 역사가 죄성의 지배로부터 우리를 해방시켜 주신다. 죄와 사망에서 해방시키는 것은 성령님이 내 안에서 하시는 일이다.

다음을 읽어 보자.

☞고후 3:17을 읽으시오.(p.289)

....

....

....

2. 영의 일을 생각하게 한다.(5절)

본문 5절에서 '생각하나니'에 해당하는 헬라어 '프흐로네오'는 어떤 것에 마음을 두고 집중적으로 관심을 기울이거나, 흥미를 가지는 것을 의미한다. 그래서 공동번역 성경에서는 "육체를 따라 사는 사람들은 육체적인 것에 마음을 쓰고 성령을 따라 사는 사람들은 영적인 것에 마음을 씁니다"라고 번역하였다. 즉, 신자가 성령의 사람이 되어야 할 이유는 바로 지금까지 살았던 세상의 육신적인 것보다 영적인 것에 더욱 마음을 쓰면서 살아가는 행복을 누릴 수 있기 때문인 것이다.

다음을 읽어 보자.

☞갈 5:16을 읽으시오.(p.308)

....

....

....

3. 생명과 평안이 오게 한다.(6절)

우리의 삶에서 평안함은 물질의 많고 적음이나, 세상적인 어떤 것의 많고 적음에 의해서 유지되는 것이 아니라, 그 사람이 무엇을 생각하면서 살고, 무엇에 의해서 지배를 받고 사느냐에 의해서 좌우되는 것이다.

우리의 심령이 평안하지 않은 것은 우리 앞에 당한 문제나 환경에서 성령님을 의존하지 않기 때문에 오는 현상이다. 그러나 성령의 사람은 어떤 환경에 처하든지 성령님이 주시는 내적인 평안을 소유하면서 살아갈 수가 있다.

다음을 읽어 보자.

☞엡 4:1-3을 읽으시오.(p.313)

....

....

....

....

4. 우리의 기도를 도우신다.

신앙생활을 하다보면 때로는 심령이 평안하고 기도가 잘되면서 성령 충만할 때가 있지만, 반대로 가슴이 답답하고 기도의 문이 막혀서 끙끙대는 경우도 허다하다. 우리가 기억할 것은 때로는 가슴이 답답하고 기도의 문이 잘 열리지 않아서 힘들다고 할지라도 매달려 기도해야 한다는 것이다. 우리가 그렇게 할 때에 성령님은 우리의 기도를 도우셔서 기도의 응답을 받을 수 있도록 하시기 때문이다.

다음을 읽어 보자.

☞롬 8:26을 읽으시오.(p.250)

……………………………………………………………………………

……………………………………………………………………………

……………………………………………………………………………

나눔의 시간

1. 오늘의 말씀을 통해서 느낀 점을 말해 보자.
2. 성령님의 인도함을 받아 행한 사례를 간증해 보자.

제 18 과

기도가 무엇인지 알라

- 본문 / 살전 5:16-18(p.333)
- 찬송 / 452(통505), 369(통487)

◈

할렐루야! 전도합시다!

먼저 기도해 주십시오.

볼드윈(1867~1947)이 영국의 정권을 잡았을 때의 일이다. 군중들은 그를 환호하며 '만세!'를 불렀다. 그러나 볼드윈은 군중을 향해 엄숙히 말했다.

"여러분, 저를 위해 만세를 부르기보다는 저를 위해, 나라를 위해 먼저 기도해 주십시오."

우리에게 정말 제일 먼저 필요한 것은 기도이다. 왜냐하면 기도는 하나님과의 대화이며, 하나님의 뜻을 따라 살고 하나님의 능력을 힘입겠다는 나의 신앙 의지이기 때문이다.

신자가 신앙생활을 잘하기 위해서는 무엇보다도 하나님의 뜻이 무엇인지 알고 그에 맞게 능동적으로 대처해 나가는 지혜가 필요하다. 본문은 하나님의 백성들인 우리를 향한 하나님의 뜻이 항상 기뻐하고, 쉬지 말고 기도하며, 범사에 감사하는 것이라고 말한다. 특별히 그리스도인을 향한 하나님의 뜻 가운데서 기도에 대해 본문 17절은 말한다. 여기서 '쉬지 말고'란 말은 헬라어로 '아디알레입토스'인데, 이것은 규칙적인 활동을 의미한다.

그렇다면 기도가 무엇이기에 그리스도인은 규칙적으로 기도 생활을 해야 하는가?

1. 기도는 내 영혼의 호흡이다.

호흡은 살아있는 생명체의 특징이다. 만약 어떤 사람이 호흡을 하지 않고 멈추어 있다면 그것은 죽은 것이다. 그리스도인은 영혼의 호흡인 기도를 규칙적으로 계속해야 한다. 그렇게 함으로써 영혼은 건강하게 살 수 있다. 기도는 영혼의 호흡이다. 영이 살아 있고 건강한가 그렇지 않은가는 기도 생활을 규칙적으로 하고 있느냐 그렇지 않느냐의 모습 속에서 발견할 수 있다. 그러므로 내 영혼이 살아서 움직이기를 원한다면 규칙적인 기도 생활에 힘쓰고 게을러지지 않도록 주의해야 한다.

다음을 읽고, 내 영혼이 주를 찾기에 갈급한 이유 알아보자.

☞시 42:1-2을 읽으시오.(p.831)

....

....

....

2. 기도는 하나님과의 대화이다.

어떤 집사님은 며느리가 너무 착하고 예뻐서 가는 곳마다 자랑이었다. 그분이 행복해서 자랑하는 이유는 며느리가 밖을 나갔다가 들어오면 별 것 아닌 것 같은 사소한 이야기를 가지고도 시어머니께 이런 저런 이야기를 해주기 때문이라고 했다.

하나님의 자녀 된 신자가 영의 아버지이신 하나님과 날마다 규칙적으로 대화를 하면 우리의 하나님 아버지께서도 행복해 하실 것은 자명하다. 기도는 바로 하나님 아버지와의 영적인 대화다. 신자는 이 영적인 대화채널을 날마다 열어 놓고 규칙적으로 기도해야 할 것이다.

다음을 읽어 보자.

☞삼상 12:23을 읽으시오.(p.426)

....

....

....

3. 기도는 문제 해결의 열쇠이다.

우리가 믿는 하나님은 전능자이시다. "하나님은 전능자이시다"라는 말은 그 분에게는 못할 일이 없는 분이시요, 어떻게 얽힌 복잡한 문제라 할지라도 해결할 수 있는 분이시라는 것을 의미한다.

우리가 이 세상을 살아가다 보면 평탄한 일도 있지만, 때로는 예기치 못한 어려운 일들도 만나게 된다. 그럴 때 불신자는 당황할 수밖에 없지만, 믿음의 사람들은 낙심하거나 당황할 이유가 없다. 우리 그리스도인들에게는 기도라는 무기가 있다. 하나님의 자녀인 우리가 전능자이신 하나님께 기도하면 하나님은 그 문제를 해결해 주신다.

다음을 읽고, 우리가 기도할 때에 어떻게 해주시는지 알아보자.

☞시 3:4을 읽으시오.(p.805)

…………………………………………………………………………

…………………………………………………………………………

…………………………………………………………………………

나눔의 시간

1. 오늘의 말씀을 통해서 느낀 점을 말해 보자.
2. 기도하여 응답 받은 간증을 말해 보자.

제 19 과

기도의 능력을 알라

- 본문 / 빌 4:6-7(p.322)
- 찬송 / 539(통483), 365(통484)

◈

할렐루야! 전도합시다!

몸이 아플 때

어떤 나이 많은 권사님이 먼 길을 떠나는 아들 가족을 붙들고 당부했다. "아들아! 너희들 중에 몸이 아픈 사람이 있을 땐, 자녀들과 함께 손을 잡고 기도하도록 하거라. 하나님이 분명히 기도를 들어주실 것이다. 또한 자녀에게도 하나님은 우리 기도를 들어주신다는 믿음을 심어 줄 수 있기 때문이다. 병원에 가서 주사를 맞거나 약을 먹을 때도 '하나님, 도와주십시오.' 하고 기도하도록 하거라. 내 말을 명심하고 잊지 말아라. 알았지." 그 권사님은 기도의 능력을 알고 있었던 것이다.

바울은 로마의 감옥에 있으면서도 대부분 이방인인 가난한 빌립보 교회 신자들이 직면한 여러 가지 박해와 핍박을 맞이하여 신앙의 힘으로 승리하고 항상 기뻐할 것을 가르쳤다. 그리고 더 나아가 기도로 그런 문제들을 해결할 것을 제시하였다.

그렇다면 기도에는 어떤 능력이 있기에 기도를 강조하였나?

1. 기도는 염려의 문제를 해결하는 힘이 있다.(6절)

사람이 어려운 환경에 처하게 될 때에 가장 먼저 그 문제에 대해 염려하는 마음이 생기기 쉽다. 그렇다면 우리에게 염려가 생길 때에 어떤 문제가 있는가? '염려' 란 말의 헬라어는 '메림나오' 인데, 이는 '나눈다' 는 뜻의 동사 '메리조' 와 '마음' 을 나타내는 명사 '누스' 의 합성어로서 마음이 나뉘는 것을 의미한다.

염려는 그리스도인이 오직 하나님만을 바라보고 믿으며 의지하는 마음을 나뉘게 하여 하나님을 바라보면서도 동시에 세상을 바라보게 하며, 근심과 걱정과 불안과 초조에 사로잡히게 만들어 불신앙에 빠지게 한다. 하지만 기도는 우리의 염려하는 문제를 해결하는 능력이 있다. 그렇기 때문에 본문에서는 아무것도 염려하지 말고 기도하라고 했다.

다음을 읽고, 염려에 대한 예수님의 권면을 들어보자.

☞눅 12:22-31을 읽으시오.(p.115)

....

....

....

....

2. 기도는 하나님의 평강을 얻는 힘이 있다.(7절)

우리가 염려하는 문제에 봉착하면 제일 먼저 하나님이 주시는 마음의 평화를 잃어버리기 쉽다. 마음에 평강을 잃어버리게 되면 담대하던 마음 대신에 불안, 염려, 초조가 찾아오게 되니 불면증에 시달리게 되고 가슴에 답답함을 느끼게 된다.

바울은 우리의 이런 문제를 너무나도 잘 알고 있기에 문제를 만났을 때 염려에 빠지지 말고 하나님께 기도하라고 했다. 우리가 기도할 이유는 기도가 염려를 물리치고 하나님의 평강을 회복하며, 문제를 해결하는 능력이 있기 때문이다.

하나님이 주시는 평강은 세상이 주는 평화와 구별되는데 세상이 주는 평화는 일시적, 표면적, 환경적이지만, 하나님이 주시는 평강은 환경을 초월한 본질적인 평화이다.

다음을 읽고, 주님이 주시는 평강의 모습을 살펴보자.

☞요 14:27을 읽으시오.(p.173)

………………………………………………………………………………

………………………………………………………………………………

………………………………………………………………………………

3. 감사의 기도는 능력을 나타낸다.

본문 6절에서 염려를 만난 자는 염려에 빠지지 말고 하나님께 기도할 것을 강조하였다. 특별히 기도할 때에 왜 내게 이런 문제가 왔느냐고 원망하거나 불평하며 기도하지 말고 오히려 감사함으로 기도하라고 한다.

본문에서 '감사'란 말은 헬라어로 '유카리스티아'인데, 이는

'좋은 선물'이라는 뜻이다. 다시 말해서 우리에게 감사하면서 기도하라는 것은 하나님의 은혜를 만분의 일이라도 갚는 길은 감사의 좋은 선물을 드리는 것이란 의미가 있고, 또 다른 면에서는 내가 기도할 때에 하나님이 좋은 선물을 축복으로 주실 것이라는 믿음의 확신을 가지고 기도할 때에 그 믿음대로 이루어진다는 것을 보여주는 것이다.

다음을 읽고, 신자가 하나님께 들려 드려야 할 소리가 무엇인지 알아보도록 하자.

☞시 26:6-7을 읽으시오.(p.819)

....

....

....

나눔의 시간

1. 오늘의 말씀을 통해서 느낀 점을 말해 보자.
2. 어려움에 빠졌을 때에 기도하여 평강을 회복하고 문제를 해결한 경험이 있으면 간증해 보자.

제 20 과

기도의 골방을 만들라

- 본문 / 마 6:5-8(p.8)
- 찬송 / 585(통384), 539(통483)

◈

할렐루야! 전도합시다!

소년의 기도

소년이 방문을 살짝 열어 놓은 채 아주 큰 소리로 기도하고 있었다. "하나님, 우리 아빠가 저에게 자전거를 사주시도록 마음을 움직여 주세요. 예수님 이름으로 기도합니다. 아멘." 그때 소년의 방문 앞을 지나가시던 할머니가 말했다.

"얘야, 너무 큰 소리로 기도하지 마라, 하나님은 귀먹지 않으셨어."

"그건 저도 알아요. 하지만 아빠도 제 기도를 들으셔야 돼요."

그렇다. 신자가 기억할 것은 인간 아버지와 달리 하나님 아버지는 우리가 언제 어느 곳에서 기도할지라도 다 들으시는 분이라는 것이다. 그래서 우리는 기도의 골방을 만들어야 한다.

그리스도인에게 있어서 기도는 아무리 강조해도 지나치지 않을 정도로 중요하다. 기도가 중요함은 기도를 통해서 하나님과 우리의 교통이 이루어지며, 우리가 이 땅에서 당한 여러 가지 문제들을 해결 받을 수 있기 때문이다. 기도는 문제 해결의 통로요, 열쇠이다.

본문에서 예수님은 제자들에게 올바른 기도에 대한 가르침을 주셨는데 여기에 대하여 알아보자.

1. 외식자와 같이 되지 말라.(5절)

유대인들은 바벨론 포로 이후 아침 9시, 정오, 오후 3시 하루 세 번씩 기도하는 습관이 있어서 그 시간이 되면 어디에 있든지 심지어 길거리에 있을지라도 손을 하늘로 향해 들고 기도하였다. 그런데 일부 사람 중에는 기도하는 것이 형식화되어서 기도 시간이 되면 일부러 많은 사람들이 운집한 광장이나 길거리로 달려가서 기도하곤 했다.

예수님은 '외식하는 자'와 같이 기도하지 말라고 하였다. 외식자들은 자기가 영광을 받기 위해서 하나님과만 교통해야 할 기도조차도 사람에게 보이려고 일부러 회당과 큰 거리에서 기도하기를 좋아했기 때문이다.

다음을 읽고, 그리스도인이 신앙을 실천함에 있어 그 중심이 어떠해야 하는지 알아보도록 하자.

☞고전 10:31을 읽으시오.(p.276)

2. 이방인과 같이 하지 말라.(7절)

갈릴리 지방은 이방 지역과 인접해 있었기 때문에 자연적으로 이방인들의 출입이 잦았으며, 심지어 그들과 섞여 살기도 했다. 따라서 어떤 사람들은 이방의 생활 관습뿐 아니라, 종교적 관습에 익숙해 있어서 유일신 하나님을 섬긴다고 하면서도 이방인들의 종교적 관습이 그들의 신앙생활 속에 침투해 있었던 것이다.

'중언부언' 이란 말은 의미 없는 말을 반복적으로 하는 것을 의미한다. 이방인들은 그들의 신에게 기도할 때에 주술과 같은 말을 공허하게 반복적으로 했다. 그런데 이런 모습이 믿음의 신앙인들의 기도에 도입되어 있었다. 그런 사람들은 하나님에게 기도할 때에 이방인들처럼 반복적으로 중언부언해야 응답이 되는 줄로 알고 있었던 것이다. 예수님은 이런 중언부언의 기도를 경계하셨다.

다음을 읽고, 기도는 중언부언이 아니라 믿음과 확신을 가지고 해야 함을 알아보자.

☞사 65:24을 읽으시오.(p.1047)

3. 기도의 골방을 만들라.(6절)

'골방' 이란 말은 헬라어로 '타메이온' 인데 이는 저장소, 내실,

창고, 밀실 등의 뜻을 가지고 있다. 이는 세상 모든 것과 단절하고 오직 하나님과만 내밀한 대화를 나눌 수 있는 공간을 의미한다.

역사적으로 골방은 경건한 유대인들이 조용히 하나님께 기도를 드리던 곳이며, 바리새인들이 기도 장소로 사용한 회당과 큰 거리 어귀와 뚜렷이 대조된다. 오늘날 그리스도인에게도 주님과 교통할 수 있는 기도의 골방이 필요하다. 기도의 골방은 장소적인 의미와 영적인 의미를 함께 가지고 있다.

다음을 읽고, 엘리사가 수넴 여인의 아들을 기도하여 살린 곳이 어떤 곳인지 알아보자.

☞왕하 4:32-27을 읽으시오.(p.567)

....

....

....

나눔의 시간

1. 오늘의 말씀을 통해서 느낀 점을 말해 보자.
2. 신자가 기도의 골방을 갖는 방안을 함께 찾아보자.

제 21 과

합심 기도의 능력을 알라

- 본문 / 마 18:19-20(p.30)
- 찬송 / 292(통415), 539(통483)

◈

할렐루야! 전도합시다!

우산을 준비한 믿음

오랜 가뭄이 계속되었다. 가뭄을 견디다 못한 주민들은 교회에 모여 합심 기도를 하기로 결정했다. 주민들은 마음을 다해 간절히 기도했다. 이때 하늘에 구름으로 덮이기 시작했다. 그들은 기뻐하며 더 열심히 기도했다. 그때 상상할 수 없는 일이 일어났다. 비가 쏟아지기 시작한 것이다. 서로 감격하여 얼싸안고 좋아하던 그들은 어떤 어린아이의 모습에 고개를 숙이고 말았다. 그 어린아이는 비가 올 것을 믿고 이미 우산까지 준비해 온 것이다.

옛말에 백지장도 맞들면 낫다고 했으며, 떨어지는 낙숫물에 바위가 뚫린다고 했다. 비록 하나의 힘은 미약하지만 그 미약한 힘들이 모일 때에 무겁고 어려운 일도 가볍게 할 수 있으며, 미약한 힘이 모일 때에 큰일을 이루어 낼 수 있음을 밝히는 말이다.

그리스도인의 기도 역시 동일하다. 기도는 하나님과의 교통이기 때문에 혼자서도 할 수 있지만, 어떤 문제를 놓고 합심하여 여럿이 기도할 때에는 그 능력이 배가된다고 주님은 교훈하셨다.

그렇다면 합심 기도가 능력이 있는 이유는 무엇인가?

1. 하나님의 약속이기 때문이다.(19절)

본문에서 '합심하여' 란 말의 헬라어는 '쉼포네오' 인데, 이는 함께 어우러져서 멋진 조화를 연출해 낸다는 뜻으로서 교향악(symphony)의 어원이 된다. 합심 기도는 기도자들이 마음의 일치와 조화를 통해서 하나님께 기도하는 것이다. 이 땅에서의 겸손한 두 영혼의 일치된 기도에 하나님은 그들을 위해서 응답으로 축복하신다고 약속하신다. 하나님의 약속은 영원히 변치 않을 불변의 약속이다.

다음을 읽고, 하나님의 성품에 대하여 알아보자.

☞삼상 15:29을 읽으시오.(p.433)

………………………………………………………………………………

………………………………………………………………………………

………………………………………………………………………………

2. 주님이 함께하시기 때문이다.(20절)

예수님은 제자들과 지금은 함께 있지만, 조금 있으면 그들을 떠나실 것이라는 것을 항상 암시하여 주셨는데 본절에서도 그 같은 암시를 하신다. 그렇지만 예수님이 제자들을 떠나신다고 할지라도 영원히 떠나는 것이 아니라 예수님의 이름으로 연합한 무리들에게는 구체적이고 실제적으로 영원히 임재 하여 계실 것을 밝히셨다. 특별히 이 땅에서 두세 사람이 예수님의 이름으로 모여 기도할 때에 주님이 그들과 함께하여 그 문제를 해결하여 주시겠다고 약속하신 것은 우리 그리스도인들에게 큰 위로와 함께 힘이 된다.

다음을 읽고, 예수님의 약속을 확인해 보자.

☞마 28:19-20을 읽으시오.(p.52)

....

....

....

3. 연합의 줄은 강하기 때문이다.

가느다란 실은 한 겹으로는 매우 연약하여 쉽게 끊긴다. 그렇지만 그 줄이 모이고 모여서 동아줄이 되었을 때에는 그 줄을 끊을 자가 아무도 없을 정도로 강한 줄이 된다.

우리가 연합하고 합심해서 기도해야 하는 이유 역시 이와 같은 맥락이다. 혼자서 기도할 때에는 때때로 낙심하고 절망하여 기도를 포기할 수 있는 문제라고 할지라도 두세 사람이 모여서 기도하면 서로가 서로를 격려하면서 강력한 소원을 가지고 기도할 수 있기 때문이며, 그런 기도의 줄은 강하여 응답이 강하게 나타나는 영적 이치를 가지고 있다.

다음을 읽고 연합의 중요성을 발견해 보자.

☞전 4:9-12을 읽으시오.(p.950)

나눔의 시간

1. 오늘의 말씀을 통해서 느낀 점을 말해 보자.
2. 우리 구역에서 합심하여 기도할 제목을 나눠 보자.

제 22 과

응답 받는 기도를 알라

- 본문 / 마 7:7-11(p.10)
- 찬송 / 428(통488), 365(통484)

◈

할렐루야! 전도합시다!

구두쇠의 기도

매일 새벽 기도를 드리는 구두쇠가 있었다.

"사랑의 하나님! 가난한 자에게 쌀을, 병든 자에게는 깨끗함을, 굶주린 사람들에게는 양식을 주옵소서."

그 기도를 듣던 아들이 아버지의 금고를 열고 돈을 꺼내어 어려운 사람들에게 나누어주었다. 새벽 기도를 끝내고 돌아온 구두쇠는 금고가 열려 있고 돈이 몽땅 없어진 것을 보고 깜짝 놀랐다. 그러자 아들이 아버지에게 태연하게 말했다.

"아버지, 아버지의 기도가 응답받으신 거예요!"

성도의 신앙생활에서 기도만큼 중요한 것이 없다는 것은 누구나 잘 알면서도 가장 실천하기 힘든 것 중에 하나이다. 기도는 하나님과의 영적인 교통이요, 우리의 소원을 주님께 아뢰는 시간이다. 신자가 기도하고 응답받는 삶을 살게 되면 신앙생활에서 힘을 얻고 보람을 느끼게 된다. 나아가서 하나님의 살아계심을 간증함으로써 전도의 효과도 얻을 수 있다.

그렇다면 기도 응답을 위해서 어떻게 기도해야 할까? 기도 응답에 대한 예수님의 조언 3가지를 살펴보도록 하자.

1. 구하라.(ask)

'구하라' 는 말은 헬라어로 '아이테오' 라고 하는데, 이는 내가 원하는 어떤 대상에 대한 강렬한 소망을 마음속에 간직하는 것을 의미한다. 신자가 기도에 응답을 받기 위한 첫째 조건은 바로 응답에 대한 강렬한 소망이다. 응답의 소망이 없는 사람은 간절한 기도를 할 수 없지만, 반대로 강한 소망을 가진 사람은 주님께 매달려 간절히 기도할 수밖에 없다.

'구하라' 는 말은 영어로 '애스크' (ask)인데, 이는 '묻다' 라는 뜻을 가지고 있다. 기도 응답의 소망이 강렬한 사람은 그 문제의 해결을 위해서 어떻게 하면 좋을지를 간절하게 하나님께 물어보며 기도해야 한다. 신자의 믿음의 기도에는 응답이 있다.

다음을 읽고, 응답을 바라는 기도자의 바른 자세를 알아보자.

☞막 11:22-24을 읽으시오.(p.74)

....

....

……………………………………………………………………………

2. 찾으라.(seek)

'구하라'는 말이 기도자의 심적인 자세였다면, '찾으라'는 말은 기도하는 사람의 행동적인 자세를 의미한다. 어떤 사람은 말하기를 '찾으라'는 말은 소원이 행동화된 실천적인 간구라고 했다.

'찾으라'는 말은 헬라어로 '제테오'라고 하는데, 이는 끊임없이 그리고 신실하게 추구하는 행동을 말한다. 기도자의 마음에 기도 응답에 대한 강렬한 소망을 가졌으면 응답을 위해서 행동으로써 구체적으로 찾아보아야 함을 의미한다.

다음을 읽고, 기도자가 찾아야 할 것이 이 땅의 것 이상의 어떤 것인지에 대하여 알아보자.

☞골 3:1-2을 읽으시오.(p.326)

……………………………………………………………………………

……………………………………………………………………………

……………………………………………………………………………

3. 두드리라.(knock)

'구하라'는 말이 심적 자세이고, '찾으라'는 말이 행동적 자세라면, '두드리라'는 말은 결의적인 자세로서 기도자의 "나는 응답을 받고야 말리라!"는 강한 결심이 내포되어 있다. 그렇기 때문에 집의 대문이 열리지 않을 때에 문이 열릴 때까지 반복해서 노크를 하듯이 기도자는 그 문제가 해결되어 응답을 받기까지 계속해서 기도해야 한다. 기도자는 단번에 응답되지 않을 때에도 낙심하지 말고 인내로써 기도하는 것이 중요하다.

다음을 읽고, 신자가 기도한 후에 낙망치 말아야 할 이유를 말해 보도록 하자.

☞눅 18:1-8을 읽으시오.(p.126)

....

....

....

나눔의 시간

1. 오늘의 말씀을 통해서 느낀 점을 말해 보자.
2. 어떤 어려운 문제로 낙망에 빠졌다가 기도로 회복된 경우를 간증해 보자.

제 23 과

기도의 우선순위를 알라

- 본문 / 마 6:25-34(p.9)
- 찬송 / 380(통424), 456(통509)

◈

할렐루야! 전도합시다!

기도의 우선순위

어떤 사람이 하나님께 기도하면서 항상 자기의 요구 사항만을 말하고 마쳤다. 그는 항상 기도했지만, 응답을 받지 못했다. 하루는 목사님을 찾아가서 상담을 했다.

"목사님, 어떻게 기도해야 응답이 올까요?"

"어떻게 기도하는데요?"

그 사람은 자신의 기도 내용을 그대로 말했다. 그러자 목사님은 그 사람에게 이렇게 조언을 했다.

"기도에도 우선순위가 있답니다. 먼저 내 요구를 구하지 마세요. 하나님을 찬양하고 감사하신 후, 회개할 것을 회개하고, 그 다음에 내 기도를 하세요. 그리고 중보 기도를 하고요. 마지막으로 예수님의 이름으로 기도하는 것을 빼면 안 되겠지요."

초대교회 당시 노예는 두 주인을 섬길 수 없었다. 만약 노예가 두 주인을 섬긴다고 하면 그는 주인을 위해서가 아니라 자기 자신의 유익을 얻는 수단으로 주인들을 섬긴 것이라고 할 수밖에 없다. 마찬가지로 신자들 역시 하나님과 재물을 겸하여 섬길 수가 없다. 본문 25절에 '그러므로' 라는 말이 나오는데, 이는 앞의 24절처럼 그리스도인이 재물을 섬기지 않고 하나님을 섬길 때 발생할 수 있는 세상 염려의 문제에 대해 신자의 생활 지침을 제시하는 것이다.

1. 세상 염려에 빠지지 말라.

그리스도인들이 세상에 살면서 하나님을 섬기기 위해 재물은 섬기면 안 된다고 하면 자칫 "그러면 어떻게 살아가지?" 하는 세상 물질에 대한 염려에 빠질 수 있다.

그렇지만 신자에게서 분명한 것은 재물은 섬김의 대상이 아니며, 인생의 삶의 목적도 될 수 없고, 하나님이 뜻대로 살아가야 할 수단이라는 사실이다. 신자는 세상 것에 대한 염려에 빠지기보다는 오히려 믿음으로 모든 것을 하나님께 맡기고 살아가는 자세가 필요하다.

다음을 읽고, 염려에 대한 권면을 알아보자.

☞마 6:31-32을 읽으시오.(p.9)

....

....

....

☞빌 4:6-7을 읽으시오.(p.322)

....

....

2. 먼저 그의 나라와 의를 구하라.

세상의 이방인들의 인생 목표는 세상적인 욕망에 속한 것이며, 이차적인 것이고 부차적인 것들이다. 그럼에도 불구하고 세상의 사람들은 이런 세상적인 것들을 위해 집착하며 살아가는 어리석음을 범하고 있다.

그렇다면 신자는 어떻게 살아가야 할 것인가? 우리 그리스도인들은 하나님의 나라와 그의 의를 구하는 일을 위해서 살아가는 삶을 인생의 최우선으로 삼아야 한다. 그렇게 될 때에 하나님은 우리가 간구하고 추구한 모든 것 위에 더하여 세상에서 필요한 모든 것들을 채워주실 것이다.

다음을 읽어 보자.

☞딤전 4:6-8을 읽으시오.(.p.340)

3. 기도에도 우선순위가 중요하다.

세상에 속한 것에서만이 아니라, 우리의 영적 생활과 기도 생활에서도 우선순위가 중요하다. 신자의 기도는 자신의 육신의 필요를 채우는 것으로만 끝나서는 안 되며, 세상에 속한 것들로만 채워져서도 안 된다. 신자의 기도는 세상에 속한 것보다 영적인 것에 우선순위를 두어야 한다. 나라와 민족의 복음전도, 지역사회의 복음화, 선교사역, 목회자와 구역 식구 등을 위해서 기도해야 하며, 특별히 땅 끝에서 선교하는 선교사와 그 가족들을 위해서도 기도해야 한다. 이런 면에서 신자는 중보 기도를 하는 중보 기도자가 되어야 한다.

다음을 읽고, 예수님의 역할에 대하여 알아보자.

☞딤전 2:5을 읽으시오.(p.338)

....

....

....

나눔의 시간

1. 오늘의 말씀을 통해서 느낀 점을 말해 보자.
2. 그 동안의 당신의 기도가 하나님 나라와 그 의를 따랐는지, 아니면 세상을 따랐는지 점검해보고 말해 보자.

제 24 과

전도의 목표를 설정하라

- 본문 / 마 9:27-31(p.14)
- 찬송 / 519(통251), 515(통256)

◈

할렐루야! 전도합시다!

땅 끝까지 전도한 후에

어떤 신학교에서 은혜가 넘치는 뜨거운 부흥회가 있었다. 부흥회가 절정에 도달했을 때 강사 목사님이 어느 신학생에게 물었다.

"자네 지금 당장 천국으로 갈 수 있다면 바로 갈 텐가?"

"아닙니다. 저는 땅 끝까지 전도한 후에 천천히 가겠습니다. 다른 사람들을 먼저 보내십시오."

정말이지 우리의 전도 목표는 땅 끝까지라는 사실을 알아야 한다.

오늘 본문은 예수님이 소경을 고친 사건이다. 예수님이 소경을 고쳤을 때에 그들은 눈을 떠서 밝은 세상을 보게 되었다. 두 소경은 그들의 믿음대로 기적을 체험한 것이다. 두 소경은 눈을 떠서 밝은 세상을 보게 된 후에 나가서 다른 사람들에게 예수님의 능력을 전하여 사람들이 예수님을 따르게 하는데 크게 기여하였다.

우리가 전도를 할 때에도 단순히 예수님이 이런 분이라고 전하는 것으로만 만족하지 말아야 할 것이다. 오히려 전도에 목표를 세우고 그것이 이루어질 것을 믿고 전도해야 할 것이다.

그렇다면 전도에서 목표 설정이 중요한 이유는 무엇인가?

1. 구령에 대한 뜨거운 마음이 생긴다.

막연하게 전도를 하겠다고 마음을 먹었지만 어떻게 전도해야 할지에 관해 막연해지기 쉽다. 하지만 전도에 대한 목표가 설정된 사람들은 영혼의 구령(救靈)에 대한 뜨거운 마음이 생길 수밖에 없다. 구령에 대한 뜨거운 마음은 하나님 나라 확장에 필요한 신자의 가장 근본적인 자세 중에 하나이다.

다음을 읽고, 복음전도를 위해서 살다가 감옥에 갇힌 바울 사도의 신앙심을 알아보자.

☞빌 1:20-21을 읽으시오.(p.319)

....

....

....

2. 전도를 위해서 매달려 기도하게 된다.

전도자가 전도 목표를 설정해 놓게 되면 그 전도의 목표를 이루기 위해서 날마다 매달려 기도하게 된다. 전도 대상자를 만들어 이름을 불러가면서 매일 기도하는 것이 중요한 이유는 인간은 영적인 존재이기 때문에 그를 위해 기도하면 그 영혼을 성령님이 움직이시기 때문이다.

구역에서, 가정에서, 교회에서 합심하여 전도 목표를 위해서 매달려 기도할 때에 기도 응답으로 전도의 역사가 일어날 것이다.

다음을 읽고, 전도에서 기도의 중요성을 발견해 보자.

☞마 18:18을 읽으시오.(p.30)

....

....

....

3. 전도 목표의 성취와 보람을 갖게 된다.

우리가 기도한 후에는 기도에 반드시 응답이 있다는 확신을 갖는 것이 중요하다. 전도에 있어서도 목표가 설정한 후 이를 위해서 기도하며 전도하면 결국 전도의 목표에 차고 넘치는 응답이 온다.

구역에서도 전도의 목표를 세우고, 개인적으로도 전도의 목표를 세우자. 그리고 열심히 전도하자. 하나님은 우리에게 놀라운 열매를 주실 것이다.

다음을 읽어 보자.

☞골 4:3을 읽으시오.(p.328)

....

....

....

☞딤후 4:5을 읽으시오.(p.346)

....

....

나눔의 시간

1. 오늘의 말씀을 통해서 느낀 점을 말해 보자.
2. 구역에서 전도 목표를 세우고 실천 방안을 의논해 보자.

제 25 과

지속적인 전도를 실천하라

- 본문 / 히 13:1-2(p.368)
- 찬송 / 520(통257), 523(통262)

◈

할렐루야! 전도합시다!

죤 하퍼의 전도

죤 하퍼가 무디 교회에서 설교를 하기 위해 유명한 타이타닉호를 타게 되었다. 항해 도중 배는 파선이 되었고, 구명대는 승객의 절반밖에 되지 않았다. 죤 하퍼도 구명대 없이 바다에 뛰어들었다. 빠지지 않으려고 본능적으로 움직였다. 널빤지를 잡고 있는 어떤 청년과 마주쳤다. "젊은이, 구원받았나?" 잠시 후, 그 젊은이는 구조되었으나, 그 말을 끝으로 죤 하퍼는 영원히 물속에서 나오지 못했다. 몇 주 후, 뉴욕의 어느 청년 집회에서 그 젊은이가 간증을 했다.

"죤 하퍼씨는 죽는 순간까지도 전도했습니다. 제가 그 마지막 사람입니다."

어떤 사람은 예정론을 오해하여 하나님이 선택했으니 이미 구원 받을 것인데 왜 어렵게 전도해야 하냐고 말한다. 하지만 우리가 기억할 것은 하나님이 전도라는 수단을 통해 구원하기로 정하셨다는 것이다. 따라서 우리는 전도하기를 결단하고 그 대상이 회개하여 주님께 돌아올 때까지 지속적으로 기도하며 전도를 실천해야 한다는 것이다.

그렇다면 지속적인 전도를 실천하기 위해서 어떻게 할까?

1. 영혼에 대한 사랑

전도의 열매가 풍성한 사람들을 조사해보면, 그들에게는 한 가지 공통된 특징이 있다. 그것은 그들이 한결같이 영혼에 대한 사랑을 뜨겁게 가지고 있었다는 것이다. 영혼을 사랑하는 마음 없이는 전도를 실천할 수 없고, 전도의 열매를 기대할 수도 없다. 영혼에 대한 사랑은 전도자가 가져야 할 가장 기본적인 조건이다.

다음을 읽고, 영혼 사랑의 실천을 어떻게 할 것인지 생각해 보자.

☞히 13:1을 읽으시오.(p.368)

....

....

....

2. 끊임없는 중보 기도

어떤 사람이 예수님을 믿기로 결심하고 교회에 오는 것은 우연한 일이 아니다. 그것은 배후에서 그 사람이 결신하기까지 기도하는 보이지 않는 헌신자들이 있기 때문이다. 영혼을 전도하고 구원하는 일은 끊임없는 기도의 헌신이 없이는 불가능하다. 따라서 전도 대상자를 정했다면 그를 위한 중보 기도를 쉬어서는 안 된다. 전도는 기도를 통해서 열린다.

다음을 읽어 보자.

☞골 4:2-4을 읽으시오.(p.328)

…………………………………………………………………………

…………………………………………………………………………

…………………………………………………………………………

3. 지속적인 전도 접촉

어떤 사람을 전도하기 위해서는 그 사람의 영혼을 위해 기도하는 것에서 그쳐서는 안 된다. 전도자는 기도와 함께 꾸준하게 그와 접촉점을 유지해야 한다.

어떤 사람은 한 해의 첫 달에 6명을 전도하여 결신시키고, 6개월 동안 16명을 전도하였다. 그 사람의 전도 비결은 전도 대상자를 위해서 매일 새벽마다 기도하고, 매주에 한 번씩 집을 방문하여 지속적인 전도를 하는 것이었다. 전도자의 전도의 비결 중 하나는 지속적인 전도 접촉이다.

다음을 읽고, 당신이 생각하는 전도자의 일과 직무가 무엇인지 말해 보자.

☞딤후 4:5을 읽으시오.(p.346)

…………………………………………………………………………

…………………………………………………………………………

…………………………………………………………………………

…………………………………………………………………………

4. 베푸는 삶

유대 민족은 원래 목축업을 하는 민족이었다. 초대교회 당시의 목축은 양들을 몰고 좋은 풀을 따라서 이곳저곳으로 옮겨 다니면서 했다. 손님 대접에 대한 유대 사회의 풍습은 유랑하는 유목민에게 특히 강조되었다. 그들은 손님 대접이 현세에서도 복을 받고 내세에도 복을 받는 조건이라고 여겼다.

구역이 부흥하기 위해 가장 중요한 것 중에 하나는 이웃에게 잘 베푸는 것이다. 베풀 때에 강팍한 마음이 녹게 되고, 전도의 문도 열리게 된다.

다음을 읽고, 손 대접과 전도의 관계를 말해 보자.

☞히 13:2을 읽으시오.(p.368)

……………………………………………………………………

……………………………………………………………………

……………………………………………………………………

나눔의 시간

1. 오늘의 말씀을 통해서 느낀 점을 말해 보자.
2. 구역에서 전도 대상자로 정한 사람에게 지속적인 전도 접촉을 유지할 방안을 의논해 보자.

제 26 과

생활과 전도를 연결하라

- 본문 / 행 17:10-12(p.217)
- 찬송 / 516(통265), 502(통259)

◈

할렐루야! 전도합시다!

바비의 전도

1960년대 초, 뉴욕 양키즈 팀의 2루수 바비 리차드슨은 뛰어난 프로야구 선수로 독실한 기독교 신자였다. 뿐만 아니라 때와 장소를 가리지 않고 전도하는 일로도 유명하다. 한번은 이런 일이 있었다.

1962년 프로야구 선수권 대회 결승전 경기에서였다. 2루에 서 있는 상대방 선수에게 한참 동안이나 무언가를 속닥거렸다. 경기 후 동료 선수들이 무슨 이야기를 했느냐고 물었다. 그는 서슴지 않고 대답했다. "예수님이 당신의 구주가 되신다는 사실을 아느냐고 물었어. 그리고 예수님을 구주로 영접하라고 말했어." 그는 생활 속에서 전도를 실천하는 사람이었던 것이다.

베뢰아는 데살로니가 서쪽 약 80㎞ 지점에 위치한 마게도냐 지방의 한 성읍이었다. 이곳은 그리 큰 도시는 아니었지만, 그곳에는 많은 인구가 거주하였다. 이곳 사람들의 특징은 문화적 포용력과 종교에 대한 비독선적인 태도를 갖고 있었다. 성경은 이런 모습을 신사적(紳士的)이라고 표현했다. 이런 베뢰아인들의 태도는 바울 일행이 이곳에서 전도할 때에 많은 사람들이 주님께로 돌아와서 그곳에 교회가 설립되는 축복을 받았다.

특별히 베뢰아 교회의 부흥은 당시 귀한 위치에 있는 사람들의 신앙생활의 본에 대한 영향이 상당히 컸다고 할 수 있다. 복음 전도는 믿는 그리스도인들의 생활의 본에서 영향력이 발휘된다.

그렇다면 베뢰아 사람들의 신앙과 생활을 알아보자.

1. 간절한 마음

본문 11절에 베뢰아 사람은 '간절한 마음' 을 갖고 말씀을 받았다고 했다. 여기서 '간절한' 이란 말은 헬라어의 '파세스' 인데 이는 '모든(all)' 이란 뜻을 가지고 있다. 또한 '마음' 에 해당하는 헬라어는 '프로뒤미아스' 로 '준비된' , '열심히' 등의 의미가 있다. 따라서 '간절한 마음' 은 말씀을 받기에 '모든 준비된 마음' (KJV)이라고 할 수 있다. 준비된 마음으로 말씀을 받는 사람들은 말씀을 기쁘게 받아들일 수밖에 없으니 현대어 성경에서는 '기쁜 마음' 이라고 번역했다.

다음을 읽고, 준비된 마음에 오는 축복을 알아보자.

☞마 13:3-9을 읽으시오.(p.21)

··

··

2. 성경 연구

본문 11절에서 베뢰아 사람들은 바울이 설교를 할 때에 그 말씀을 기쁜 마음으로 받아들일 뿐만 아니라 "이것이 그러한가 하여 날마다 성경을 상고"하였다고 했다. 여기서 '상고하다'는 말은 헬라어로 '아나크리노'인데, 이는 '조사하다', '탐색하다', '연구하다'는 뜻을 가지고 있다. 다시 말해서 베뢰아 사람들은 설교말씀을 듣고 난 후 그것으로 끝나는 것이 아니라, 그날 배운 말씀을 가지고 마음에 확실히 되새기기 위해서 성경을 날마다 연구했으며, 듣고 깨달은 복음을 진리로 받아들였던 것이다.

다음을 읽어 보자.

☞시 119:103을 읽으시오.(p.892)

··

··

··

3. 전도의 생활화

베뢰아 교회의 특징은 믿는 사람들이 소외된 평민계층의 사람들보다는 상류사회에 속해 있으면서 사회적인 영향력을 가진 사람들이 많았다는 것이다. 그것을 본문 12절에서는 "헬라의 귀부인과 남자가 적지 아니하나"라고 말한다. 이와 같이 사회에서 영향력이 있는 사람들이 성경을 연구하고 그 깨달은 말씀을 가지고 생활 속에서 실천하면서 살아갈 때에 그 당시 사회에 엄청난 영향을 끼쳤던 것이고, 그것이 본이 되어 믿는 사람들이 많아졌던 것이다. 전도는 복음이 생활화되어 나타날 때에 폭발력이 강하다. 신자는 자신의 삶에 복음이 투영되어 나타나도록 해야 한다.

다음을 읽고, 신자의 삶의 현장에서의 모습을 알아보자.

☞마 5:13-16을 읽으시오.(p.6)

....

....

....

나눔의 시간

1. 오늘의 말씀을 통해서 느낀 점을 말해 보자.
2. 생활 속에서 전도의 실천을 어떻게 할지 말해 보자.

제 27 과

가정을 선교관으로 만들라

- 본문 / 행 16:40(p.217)
- 찬송 / 496(통260), 495(통271)

◈

할렐루야! 전도합시다!

천국 여행의 준비

어느 아이가 교회에서 천국의 아름다움에 대해 배웠다. 집에 돌아온 아이는 엄마에게 자랑스럽게 말했다.

"엄마, 오늘 천국에 대해 배웠어요. 무지무지하게 아름답고 좋은 곳이래요."

"맞아, 이 세상에서 천국보다 더 아름답고 좋은 곳은 없단다."

그러자 아이가 말했다. "그런데 엄마, 엄마는 다른 여행 준비는 잘 하면서 왜 천국 여행 준비는 안 해요?"

바울과 실라가 감옥에 갇혀 있다가 풀려났을 때에 제일 먼저 찾아간 곳이 루디아의 집이다. 루디아는 빌립보 성에서 얻은 첫 열매였다. 바울은 그녀의 집에서 빌립보 교회 개척을 시작했다. 바울과 실라는 출옥한 후에 자기들 때문에 염려하고 기도하고 있을 빌립보 교회의 성도들을 만나 그들을 위로하고 격려하기 위해 루디아의 집에 찾아갔다. 루디아는 자신의 집을 빌립보 지역의 전도를 위한 선교관으로 제공하였고, 이곳은 결국 유럽 복음화를 위한 선교의 전초기지가 되었다.

초대교회 당시 대부분의 소아시아 지역 교회는 복음을 받아들인 가정들이 자신의 집을 선교관으로 드림으로 시작되었다. 오늘날에도 그리스도인들은 자신의 가정을 선교관으로 만들어 복음을 전하려는 지혜가 필요하다.

그렇다면 우리의 가정을 어떻게 만들까?

1. 기도의 장소

루디아의 집에 모여서 기도하는 사람들의 그 기도의 열매로 바울과 실라가 감옥에서 풀려났을 때 빌립보 지역은 복음의 역사가 크게 일어났다.

우리의 가정을 내가 속한 지역에서 기도하는 장으로 개방하여 그곳에 모여 기도하도록 하는 것이 필요하다. 내 가정만 아니라, 우리의 이웃 가정들이 함께 참여하여 서로를 위해 기도함으로 문제가 해결될 때 그 소문은 수많은 기도의 동참자를 부르는 기회가 될 것이다.

다음을 읽고, 기도의 중요성을 알아보자.

☞요 16:23-24을 읽으시오.(p.176)

2. 전도의 장소

기독교인의 신앙생활에서 전도는 아무리 강조해도 부족함이 없을 정도로 중요하다. 그렇지만 그렇게 중요한 전도는 강조만 한다고 해서 쉽게 이루어지지 않는다. 구역이 속한 지역에서 전도의 그물을 만들어 연합하여 전도해야 할 필요가 있다. 가정을 전도와 선교의 장으로 만들어서 함께 기도하고, 문제를 가진 사람을 초청하여 함께 위로하고 그를 위해 합심하여 기도하는 것이다. 이는 전도를 훨씬 용이하게 할 것이다.

다음을 읽고, 초대교회의 특징을 알아보자.

☞행 5:2을 읽으시오.(p.196)

3. 나눔의 장소

전도를 위해 가장 중요한 요소 중 하나는 우리의 가정을 나눔의 장으로 만들어야 한다는 것이다. 가정에 모여서 말씀을 나누고, 받은바 은혜를 나누며, 자기에게 일어났던 일들에 대한 간증을 나눌 때에 모두가 행복한 소속감을 갖게 될 것이다. 특히 사람들이 모였을 때에 간단한 다과나 음료를 함께 나누며 교제하면 가정의 선교의 장으로서의 역할은 더한층 증대될 수 있을 것이다.

다음을 읽고, 초대교회의 나눔의 모습과 그 효과를 알아보자.

☞행 2:42-47을 읽으시오.(p.190)

....

....

....

나눔의 시간

1. 오늘의 말씀을 통해서 느낀 점을 말해 보자.
2. 내 가정이 선교관의 기능이 되도록 의논해 보자.

제 28 과

구역의 선교지를 만들라

- 본문 / 행 13:1-3(p.209)
- 찬송 / 268(통202), 502(통259)

◈

할렐루야! 전도합시다!

세계 복음화

우리가 마음만 먹으면 30년 만에 전 세계를 복음화 시킬 수도 있다. 어떻게? 12제자가 1년에 꼭 한 사람씩만 전도한다고 가정하자.

1년 후에는 24명이 기독교인이 된다. 그들이 또 1년에 한 사람씩 전도하면 2년 후에는 48명이 된다. 3년 후에는 96명, 4년 후에는 192명... 29년 후에는 6,442,450,944명이 되며, 30년 후에는 12,884,901,888명이 된다. 죽는 사람들을 감안한다고 하더라도 한 사람이 일 년에 한 사람씩만 전도한다면 30년 후에는 전 세계가 복음화 된다.

본문에 보면, 안디옥 교회가 성장하여 부흥하였을 때에 성령님은 이 교회를 이방 선교의 중심지로 사용하셨음을 볼 수 있다. 성령님은 바나바와 사울을 세워서 이방인을 위한 선교사로 사역하도록 부르셨고, 이로부터 바울의 제1차 전도여행이 시작되었다. 안디옥 교회는 받는 교회에서 이제는 선교하는 교회로 성장하여 선교사를 파송하게 되었다. 마찬가지로 오늘날 교회만 아니라, 구역에서도 선교하는 구역이 되는 것이 필요하다.

그렇다면 선교하는 구역이 되기 위해서 어떻게 해야 할까?

1. 구역의 선교지를 정하라.

선교하는 구역이 되기 위해서 우선적으로 해야 할 것은 구역이 선교해야 할 선교지를 정하는 일이다. 구역에서 어떤 특정한 선교지를 정하게 되면, 선교에 대한 관심이 보다 높아지고, 사명감도 생기게 되며, 보다 효율적으로 선교사역을 감당할 수 있게 된다.

선교지를 정하는 문제는 담임 목회자와 의논하는 것도 좋은 방법이며, 구역에서 의논하여 선교지를 물색하는 것도 좋을 것이다.

구역의 선교지로는 미자립 교회 중에서 선택할 수도 있고, 해외에 나가서 수고하는 선교사 중에서 물색하는 방법이 있을 수 있다.

2. 기도로 선교지를 후원하라.

구역에서 선교지가 확정되면, 제일 먼저 해야 할 일은 매주 구역예배를 통해서나, 개인적으로 선교지와 선교사를 위해서 집중적으로 기도하는 일을 시작하는 것이다. 선교사를 후원하는 가장 좋은 방법 중 하나는 집중적인 기도 후원이다. 구역 식구들은 선교지를 위한 기도로 기도의 선교사가 된다.

구역에서 선교지를 위해 기도할 때에 구역 식구들이 더욱 단합되고, 보람 있고 행복한 신앙생활을 하게 됨을 볼 것이다.

다음을 읽고, 구역 식구들이 단합하여 기도하는 것의 유익을 알아보도록 하자.

☞마 18:19-20을 읽으시오.(p.30)

....

....

....

3. 물질로 선교지를 후원하라.

미국 워싱턴의 어떤 집사님은 지난 7년 동안 한 번도 거르지 않고 매월 미화 5천불씩을 탄자니아 선교를 후원하는 일에 헌신하여 왔다. 그분은 물질 선교의 후원자들을 물색하여 그 선교에 함께 동참케 함으로써 지금은 탄자니아에 엄청난 복음의 역사가 일어나고 있다고 한다.

구역에서 선교지를 정했으면 선교지를 위해서 집중적으로 기도할 뿐만 아니라 동시에 선교지에서 선교 사역을 제대로 감당할 수 있도록 물질을 모금하여 후원하는 물질의 선교사가 되어야 한다.

안디옥 교회가 바울 선교의 적극적인 후원자가 되었을 때 그 사역을 통해서 소아시아 전체와 로마까지 복음화되었던 것을 항상 마음에 되새기면서 선교하는 구역의 사명을 감당하도록 하자.

다음을 읽고, 물질의 선교사로서의 아름다운 자세는 어떠해야 할지에 대하여 그 해답을 발견해 보자.

☞고후 9:6-15을 읽으시오.(p.295)

....

....

....

나눔의 시간

1. 오늘의 말씀을 통해서 느낀 점을 말해 보자.
2. 구역의 선교지를 정하는 문제를 의논해 보자.

제 29 과

보내는 선교사가 되라

- 본문 / 롬 16:1-2(p.261)
- 찬송 / 384(통434), 450(통376)

◈

할렐루야! 전도합시다!

어쩔 수없는 판결

어느 목사님이 경기도 성남시에서 버려진 청소년들을 위해 특수 목회를 시작하셨다. 그러나 그들을 수용하고 교육시킬 건물이 없었다. 할 수 없이 공터에 무허가 건물을 짓고, 그들에게 사랑을 베풀기 시작했다. 무허가 건물이었기에 고소가 들어가 재판을 받게 되었다.

판사는 그들의 사정이 몹시 딱했고 또 꼭 필요한 일임을 알았지만, 어쩔 수 없이 벌금형을 내렸다. 재판이 끝난 후, 판사는 목사님을 좀 뵙자고 했다. 목사님은 겁에 질려 판사실로 찾아갔다. 판사는 목사님을 반기면서 벌금만큼의 돈이 들어 있는 흰 봉투와 라면 몇 박스를 주었다. "목사님, 죄송하지만 어쩔 수 없는 판결입니다. 힘내십시오. 작은 정성이지만 벌금내시고 아이들 끓여 주십시오."라고 말하였다.

바울은 제2차 전도 여행을 할 때 고린도 교회를 세웠는데(행 18장), 고린도 교회로부터 복음이 주변의 보다 작은 도시들로 전파되었으며, 그 결과로 세워진 교회 가운데 하나가 바로 겐그레아 교회이다(고후 1:1).

뵈뵈 집사는 겐그레아 교회의 일꾼이다. 원래 뵈뵈란 이름은 '순결한', '빛을 발하는', '달빛처럼 빛나는' 이라는 뜻으로서 그리스 신화에 나오는 달의 여신을 지칭하는 이름이었다. 하지만 그녀가 복음으로 거듭나고 변화된 후로는 세상의 빛으로 오신 예수님을 위해서 빛을 내는 헌신의 여인으로 칭찬을 받았다.

그렇다면 뵈뵈 집사의 모습을 살펴보자.

1. 겐그레아 교회의 일꾼

본문 1절에서 바울은 뵈뵈를 교회의 일꾼이라고 표현했다. 여기서 '일꾼' 은 헬라어로 '디아코논' 인데, 이는 교회에서 '섬기는 자' 또는 '집사' 라는 의미가 있다.

초대교회에서 집사의 직분은 신앙이 매우 훌륭하며 타의 모범이 되는 좋은 행실의 소유자로 인정함을 받는 자들에게 주어진 직분이다. 특별히 여성에게 이런 직분이 주어진 것은 다른 여러 성도에 비해 매우 헌신적으로 사명을 감당했음을 의미한다.

다음을 읽고, 인정받는 일꾼이 되려면 어떻게 해야 할까?

☞고전 4:1-2을 읽으시오.(p.266)

....

....

....

2. 로마서의 전달자

본문 1절 하반절에 보면 바울은 로마 교회에 뵈뵈를 소개하며 그녀를 천거하고 있다. 바울은 로마 교회에 갈 계획을 세웠지만 곧바로 갈 형편이 못 되었고(롬 15:22), 그 때문에 로마 교회에 전할 말을 서신으로 준비하여 믿음에 충실한 뵈뵈 집사를 천거하여 보내게 된 것이다. 그로 인해서 로마서가 탄생되었고, 믿음으로 의롭게 되는 진리가 만방에 퍼지게 되었다.

다음을 읽고, 우리가 복음을 전해야 될 이유를 알아보자.

☞롬 10:14-15을 읽으시오.(p.253)

....

....

....

3. 보내는 선교사

본문 2절에 보면 바울은 그녀를 "나의 보호자"라고 말했다. '보호자'의 헬라어 '프로스타티스'은 '제일 앞에 서는 사람', '구원자', '조력자', '후원자'란 의미를 갖고 있다. 다시 말하면 그녀는 바울 선교의 적극적인 후원자였다는 것을 의미한다.

바울은 당시 소아시아 일대에서 계속적으로 전도여행을 했는데, 가는 곳마다 교회를 세웠기에 기도와 물질의 후원자들이 필요하였다. 그리고 뵈뵈 집사는 바울 선교를 위해서 적극적으로 기도와 물질의 후원자가 되었다. 바울이 이방선교를 위한 선교사였다면, 뵈뵈 집사는 바울 뒤에서 기도와 물질로 후원하는 보내는 선교사였던 것이다. 우리도 구역에서 보내는 선교사의 역할을 해보자. 우리가 보내는 선교사의 역할을 잘 할 때에 선교지가 든든해지고, 선교사가 큰 힘을 얻게 되며, 땅 끝까지 복음전파가 이루어진다.

다음을 읽고, 보내는 선교사로서의 할 일을 말해 보자.

☞마 6:19-20을 읽으시오.(p.8)

....

....

....

나눔의 시간

1. 오늘의 말씀을 통해서 느낀 점을 말해 보자.
2. 구역에서 보내는 선교사의 역할을 의논해 보자.

제 30 과

바른 물질관을 세우라

- 본문 / 신 8:17-18(p.275)
- 찬송 / 354(통394), 383(통433)

◈

할렐루야! 전도합시다!

건달의 행운

어떤 건달에게 행운이 찾아왔다. 천사가 그에게 무슨 소원이든지 한 가지를 들어주겠다고 했다. 그러나 그는 한 가지로는 도저히 만족할 수가 없었다. 궁리 끝에 말을 이어서 한꺼번에 빠르게 하기로 했다. "돈, 여자, 결혼!"

천사는, 그 건달이 머리가 돈(미친) 여자와 결혼하게 해 주었다. 돈을 사랑함이 일만 악의 뿌리가 된다고 했다.

보통 사람들은 어려움을 당할 때에는 하나님을 찾다가도 그 문제가 해결되고 수입이 늘어 소유가 많아지게 되면 하나님을 잊어버리고, 내가 잘나서 내 능력으로 이런 모든 것을 이루었다고 스스로 착각하는 경우가 많다. 하나님을 믿는 신자에게 가장 중요한 것 중 하나는 바른 물질관을 갖는 것이다. 바른 물질관의 토대 위에서 자신의 인생과 믿음을 세워 나가야 그가 세워놓은 것들이 오랫동안 보존될 수 있기 때문이다.

그렇다면 바른 물질관을 어떻게 세워갈 것인가?

1. 물질의 주인을 알라.

어떤 사람은 내가 벌었으니 이 물질의 주인은 바로 나 자신이라는 생각으로 살아간다. 하지만 그리스도인의 바른 물질관은 아무리 내가 내 힘으로 많이 벌었다고 할지라도 그 물질의 주인은 나 자신이 아니라 그 물질을 공급해 주신 하나님이시라는 것이다.

하나님은 만물을 무에서 유로 창조하신 분이시며, 그 모든 것을 주관하고 계시는 주인이시다. 그러므로 신자는 바른 물질관을 갖고 있어야만 하나님의 영광을 드러낼 수 있다.

그렇다면 신자가 바른 물질관을 갖지 못했을 때에는 어떤 문제가 생기는지 다음을 찾아서 읽어보도록 하자.

☞딤전 6:10을 읽으시오.(p.342)

....

....

....

2. 정당한 방법을 사용하라.

이 세상은 험하여 세상 사람들은 수단과 방법을 가리지 아니하고 물질을 자기의 것으로 소유하려고 하는 경우가 많다. 그렇기 때문에 때로는 그리스도인으로서 믿음 안에서 정상적인 방법으로 살아가는 것이 어리석게 느껴질 때가 있기도 하다.

신자의 바른 물질관은 정당한 방법을 사용하여 물질의 수입을 얻어야 한다는 것이다. 물질은 내 지혜와 힘으로 얻어지는 것처럼 보여도 그 배후에서 역사하시는 주님의 축복하시는 은총이 있을 때에 얻어진다는 사실을 알자.

다음을 읽고, 성경에 이와 같은 글이 쓰인 이유를 자신의 말로 이야기 해보라.

☞신 9:17-18을 읽으시오.(p.275)

....

....

....

3. 물질의 환원 법칙을 알라.

어떤 사람은 평생 동안 돈을 버는 일에만 몰두하여 살다가 인생의 말기에 와서야 자신이 헛되게 살았음을 후회하는 경우가 있다. 그런 사람들이 후회하는 이유는 그동안 아무리 돈을 많이 벌어놓고 부동산을 많이 확보해 놓았다고 할지라도 그 모든 것을 자신이 죽을 때에 가지고 갈 수 없다는 엄연한 사실을 뒤늦게 깨달았기 때문이며, 나이 많이 들어서는 모은 재산을 쓰고 싶어도 너무 늙어서 그럴 기력조차 없음을 알고 허탈해진 까닭이다.

그리스도인들은 이 땅에 사는 동안에 열심히 일하여 물질을 벌되, 그것을 가지고 하나님의 영광을 위해서 아름답게 환원하는 법을 알고 있어야 아름다운 신앙생활을 할 수 있다.

다음을 읽고, 우리가 어떻게 살아야 할지 말해 보자.

☞고전 10:31을 읽으시오.(p.276)

....

....

....

나눔의 시간

1. 오늘의 말씀을 통해서 느낀 점을 말해 보자.
2. 그동안 나의 물질관을 말해보고, 성경적인 물질관과의 차이점을 말해 보자.

제 31 과

창대한 축복의 비결을 알자

- 본문 / 욥 8:7-8(p.768)
- 찬송 / 430(통456), 325(통359)

◈

할렐루야! 전도합시다!

트루먼 대통령

트루먼 대통령이 은퇴 후, 고향의 아이들과 나눈 대화이다.

"대통령께선 어릴 때부터 사랑받는 똑똑한 사람이셨어요?"

"아니란다. 눈이 너무 나빠 잘 보지도 못했고, 공부도 운동도 별로 잘하는 것이 없었단다. 거기에다가 겁쟁이였어."

"정말요? 그런데 어떻게 훌륭하신 대통령이 되셨어요?"

"하나님은 못하실 일이 없으시다는 성경말씀을 믿었지. 모든 일에 하나님만 의지하고 끝까지 최선을 다해 노력했단다."

"네 시작은 미약하였으나 네 나중은 심히 창대하리라"라는 말은 크리스천이면 누구나 좋아하는 성경 구절이다. 처음은 미약할지라도 나중은 창대해지는 축복! 누구나 그 축복을 사모한다. 그렇지만 그것을 소원하고 사모할 뿐 어떻게 해야 그 축복이 이루어지는지에 대해서는 막연한 경우가 많다. 욥기서 8장 8절에는 7절에서 보여준 창대케 되는 축복의 비결이 우리의 삶에서 어떻게 이루어질 수 있는지에 대해 보여준다.

신자가 주님 안에서 이루어지는 창대한 축복을 알고, 그대로 실천하여 살아갈 때에 아름다운 열매를 맺을 수 있다.

1. 물으라.

이 세상의 삶에서 창대한 축복의 첫 번째 비결은 '물으라'는 것이다. 그렇다면 누구에게 무엇을 물을 것인가? 본문 8절은 "옛 시대 사람에게 물으며"라고 했다. 다시 말하면 우리가 인생에서 성공하려면 내가 성공하기 원하는 분야에서 이미 성공했던 옛 시대 사람이 누구인지 확인하고 그를 찾아가서 그가 성공한 비결이 무엇인지에 관해 물어보라는 것이다.

다음을 읽고, 지혜와 복에 대하여 알아보자.

☞잠 3:13-17을 읽으시오.(p.912)

....

....

....

2. 배우라.

본문 8절 하반절에 보면, 우리가 이 땅에서 창대케 되는 두 번째 비결로 "조상들이 터득한 일을 배울지어다"라고 했다. 여기서 '조상들' 이란 문자적으로는 아버지들이라는 뜻으로서 '선조' 를 일컫는 관용적인 낱말이다. '조상들이 터득한 일' 을 공동번역 성경에서는 '선조들이 찾았던 길' 이라고 번역했다.

우리의 선조들은 그분들 나름대로 터득한 성공 비결이 있다. 이 세상에서 성공하려고 하는 사람은 우리의 열조가 터득한 성공의 비결이 무엇인지 찾아서 배우고 그것을 실천하는 것이 중요하다.

다음을 읽고, 바울의 자세를 창대한 축복에 적용해 말해 보자.

☞빌 4:12을 읽으시오.(p.322)

………………………………………………………………………………

………………………………………………………………………………

………………………………………………………………………………

3. 기대하라.

옛 시대 사람에게 묻고, 열조가 터득한 비결을 배웠다면 그 비결을 따라서 살아가는 결단이 필요하다. 그리고 나머지 결과에 대한 신자의 자세는 하나님이 붙들어 주시고 축복해 주실 것을 기대하고 믿고 기도하는 것이다. 인생의 성공은 하루아침에 주어지지 않는다. 그렇기 때문에 우리는 믿고 인내하며 기다리는 자세가 필요하다.

다음을 읽어 보자.

☞시 40:1을 읽으시오.(p.830)

………………………………………………………………………………

………………………………………………………………………………

………………………………………………………………………………

☞시 37:4-7을 읽으시오.(p.827)

나눔의 시간

1. 오늘의 말씀을 통해서 느낀 점을 말해 보자.
2. 내게 필요한 열조를 어디서 찾을지 의논해 보자.

제 32 과

물질을 주님께 복종시키라

- 본문 / 눅 19:8-10(p.128)
- 찬송 / 542(통340), 211(통346)

◈

할렐루야! 전도합시다!

마지막 말은 농담입니다.

탈무드에 어떤 부자 구두쇠의 이야기가 실려 있다.

한 부자 구두쇠가 삐거덕거리는 외나무다리 앞에서 하나님께 기도하였다. "하나님, 이 다리를 무사히 건너게만 되면 전 재산을 바쳐 주님의 일을 하겠습니다." 다리 중간까지 무사히 도착하자 그는 말했다. "하나님, 전 재산을 다 바치면 전 거지가 되고 맙니다. 절반만 드리면 안 될까요?" 이제 거의 건너게 되었다. 그러자 그는 다시 말했다. "하나님, 다리가 보기보다는 튼튼하네요. 10만원만 바치겠습니다." 그 순간 다리가 심하게 흔들렸다. "하나님, 마지막 말은 농담입니다. 농담이었다니까요."

삭개오는 여리고에 있는 사람으로서 세리장이요 부자이다. 그가 부자가 될 수 있었던 것은 정당한 방법의 수입을 통해서가 아니라 세리로서 백성을 착취하였기 때문이다. 어느 날 삭개오는 여리고 성에 오시는 예수님을 보기를 원했다. 돌무화과나무에 있던 그를 발견한 예수님은 그의 집에 가셨고, 잔치에 참여하셨다. 이때 삭개오는 그동안 자기가 벌어들였던 물질에서 절반을 가난한 자들에게 주고 누구에게 토색한 것이 있을 경우에는 네 배나 갚겠다고 고백하였다. 처음에 그는 물질을 위해 사는 인생이었지만, 회개한 후부터는 물질을 주님께 복종시켜 주님의 영광을 드러내는 복된 자가 되었던 것이다.

그렇다면 어떻게 삭개오처럼 물질을 주님께 복종시킬 수 있을까?

1. 절약하라.

서양 사람들은 그들의 삶의 바탕에 기독교 정신이 흐르고 있는데, 그들의 삶의 모습을 보면 아무리 잘 살고 부요하다고 할지라도 절약 정신이 몸에 배어 있는 것을 볼 수 있다. 검소한 생활은 기독교인의 아름다운 미덕이다. 세상에서 신자는 절약하는 검소한 삶을 본을 보이며 살아야 한다.

삭개오는 많은 사람들에게 손가락질을 당하는 삶을 살았지만, 예수를 영접한 후에는 많은 사람에게 본이 되었다.

다음을 읽고, 우리의 신앙에서 본이 되어야 할 것을 알아보자.

☞딤전 4:12-15을 읽으시오.(p.340)

....

....

....

2. 소비하라.

물질은 쌓기 위함이 아니라, 소비하기 위해 버는 것이다. 신자는 하나님이 내게 주신 물질을 무엇을 위해 사용할까를 놓고 기도해야 한다. 어떤 사람은 어리석어서 물질을 쌓아 놓기만 하지 평생 그 물질을 보람되게 제대로 한 번 써보지도 못하고 죽는 경우가 있다. 신자는 거룩한 소비를 기뻐하는 자가 되어야 한다.

삭개오는 거룩한 소비를 몰라서 어리석은 인생이 될 뻔했지만, 예수님을 만남으로써 복된 자가 되었다.

그렇다면 우리가 물질로 인하여 어리석은 자가 되기 쉬운 것은 어떤 이유에서인지 다음에서 그 이유를 찾아보자.

☞눅 12:16-21을 읽으시오.(p.115)

....

....

....

3. 헌신하라.

삭개오는 일평생 동안 자기만 생각하고 자기만 아는 이기주의자였다. 하지만 그는 예수를 영접한 후로 잘못된 자신의 삶을 회개하고 주님의 이름으로 보람되게 자신의 물질을 사용하기로 결심하였다. 삭개오가 가진 물질은 처음과는 달리 주님 앞에 헌신하는 물질이 되었던 것이다.

그리스도인은 자신의 물질을 주님 앞에 복종시키기를 두려워해서는 안 된다. 신자는 물질을 주님 앞에 복종시킬 때 아름다운 큰 일들을 이루어 낼 수 있다.

다음을 읽어 보자.

☞신 15:10을 읽으시오.

....

....

....

나눔의 시간

1. 오늘의 말씀을 통해서 느낀 점을 말해 보자.
2. 우리가 물질을 복종시켜 사용할 아름다운 곳을 찾아 말해 보자.

제 33 과

십일조 철학을 확립하라

- 본문 / 말 3:10-12(p.1330)
- 찬송 / 191(통427), 216(통356)

◈

할렐루야! 전도합시다!

롹펠러 손자보다 더 부자

다음의 글은 김형석 교수님의 화요 명상에서 읽은 글이다.

미국 워싱턴 D.C.에 있는 성공회 계통의 유명한 사립학교에 다니는 한 고등학생의 이야기다. 그는 부시 대통령의 손자와 록펠러의 손자와 함께 학교에 다녔다. 한번은 그들의 용돈이 궁금해서 물어봤더니 자신의 용돈과 비슷했다고 한다. 그러나 록펠러의 손자는 반드시 십일조 헌금을 해야 하기 때문에 오히려 자신의 용돈이 록펠러 손자보다 많다는 것을 알았다. 록펠러의 손자와 용돈 그리고 십일조, 어떻게 생각하는가?

십일조는 농업의 생산물이나, 상업에서 얻은 이득, 혹은 전리품의 십분의 일을 하나님께 드리는 것이었다. 이는 성전에서 예배를 수종드는 자들의 생활을 해결하는 데 사용하였으며, 성전을 유지하기 위해 필요한 물질로 사용하였고, 때로는 가난한 사람들을 부양하는 데 사용하기도 했다.

구약의 십일조는 보다 강한 의미에서 율법에서 요구하는 십일조를 의미하며 그것은 의무적이며 강제적인 것이었다. 하지만 신약에서의 십일조는 내게 주신 모든 수입이 하나님의 것임을 인정하고 그 수입을 허락해주신 하나님께 감사하는 참된 신자의 도리로서 인색함이나 억지로가 아닌 자발적인 헌물이었다.

그렇다면 십일조 생활의 중요성을 알아보자.

1. 하나님 것을 아는 생활

어떤 사람은 세상에서 물질을 내가 벌었다고 하여 그 수입이 내 힘과 내 능력으로 된 것이라고 여긴다. 그렇기 때문에 거룩한 하나님의 사업을 위해 쓰여야 할 물질에서 조차 인색함으로 하는 경우가 많다. 그러나 우리가 기억해야 할 것은 이 세상 만물의 주인은 하나님이시며, 내가 벌어들인 모든 것들도 다 하나님의 것이라는 사실이다. 십일조 생활은 내가 벌어들인 수입까지도 모두가 하나님의 것이라는 신앙고백이며, 하나님이 도와주시지 않으면 빈손으로 돌아갈 수밖에 없음을 고백하는 아름다운 신앙 행위다.

다음을 읽고, 우리를 향한 하나님의 염려를 살펴보자.

☞신 8:17-18을 읽으시오.(p.275)

2. 축복의 원천

본문 10절에 보면 온전한 십일조 생활을 할 때에 하나님이 축복해 주시는지 아닌지 시험해 보라고 했다. 여기서 '시험하다'는 말은 히브리어로 '바한'인데, 이는 '증명하다'는 의미를 가지고 있다. 다시 말하면 우리가 온전한 십일조 생활을 할 때에 하나님이 축복해 주시는 것을 증명해 보이라는 의미가 포함된 것이다.

그리스도인에게 있어서 십일조 생활은 내 가정에 부어주시는 하나님의 축복의 원천이다. 만물의 주인이신 하나님이 원하시면 그 뜻대로 못 이루실 것이 없음을 기억하자.

다음을 읽고, 하나님이 어떤 분이신지 알아보자.

☞단 4:17을 읽으시오.(p.1238)

3. 예방적 축복

본문 11절에 보면, 하나님은 온전한 십일조를 바치는 자를 위해서 토지 소산에 황충을 막아주시고, 과실이 기한 전에 떨어지지 않도록 막아주신다는 예방적인 축복을 주겠다고 하셨다. 하나님이 우리에게 주시는 여러 가지 복이 있는데, 그 중에 가장 귀한 것 중에 하나는 바로 예방적인 축복이다.

우리는 오늘날 험한 세상에서 살아가고 있다. 언제 어디서 어떤 재해가 닥쳐올지 모르는 상황에서 하나님이 주시는 예방적인 축복은 바로 신자의 특권이며 행복이다. 그러므로 우리는 내게 주신 물질에서 십일조를 하나님의 것으로 감사하여 드릴 수 있다.

다음을 읽고, 하나님 백성의 안전성의 원인을 말해 보자.

☞슥 9:8을 읽으시오.(p.1320)

....

....

....

나눔의 시간

1. 오늘의 말씀을 통해서 느낀 점을 말해 보자.
2. 온전한 십일조 생활을 못해서 본 손해와 온전한 십일조를 통해서 받은 축복이 있으면 간증해 보자.

제 34 과

성령의 감동을 따라 살라

- 본문 / 고후 8:1-5(p.293)
- 찬송 / 450(통376), 182(통169)

◈

할렐루야! 전도합시다!

가장 영광스러운 손님

영국의 빅토리아 여왕이 신앙이 좋은 어떤 과부의 집을 방문했다. 많은 사람들이 과부의 집 앞으로 몰려들었다. 여왕이 돌아간 후, 그녀에게 누군가가 물었다.

"지금까지 당신 집을 방문한 손님 가운데 가장 영광스러웠던 분이 누구셨소?"

"그야, 빅토리아 여왕 폐하셨죠."

"여왕 폐하? 당신이 그토록 부르짖던 하나님이 아니구요?"

"하나님은 손님이 아닙니다. 늘 저와 함께 살고 계신 분입니다."

그녀는 항상 성령의 인도함을 받으면서 살아가는 여인이었다.

마게도냐 지역은 아드리아해에서 에게해에 걸쳐 헬라 북쪽에 위치한 로마의 한 속주로서 이곳에는 빌립보 교회, 데살로니가 교회, 베뢰아 교회 등이 있었는데, 이 교회들은 구제 헌금을 드린 모범적인 교회들이었다.

바울 사도는 본문 2절에서 마게도냐 교회들의 성도들이 환난과 극한 가난 중에서도 풍성한 연보를 넘치게 했다고 칭찬했다. 당시 마게도냐 성도들은 피식민지 지역에 사는 사람들이었기에 많은 시련을 받았으며, 더 나아가서 그들이 기독교를 믿는다는 사실 때문에 받는 환난도 있었다. 하지만 이런 환난, 핍박, 가난이 마게도냐 성도들의 헌금 생활을 포기하게 만들지는 못했다. 오히려 그들은 성령의 감동을 따라서 더욱 헌신하는 삶을 살았다.

그렇다면 오늘날 어떻게 하면 우리들도 마게도냐 성도들처럼 살아갈 수 있을 것인가?

1. 축복의 원천을 알아야 한다.

신자에게 있어서 모든 물질의 주인이 하나님이시고, 인간의 생사화복을 주장하시는 분도 하나님이심을 아는 것이 매우 중요하다. 하나님은 우리 인생에 있어서 축복의 원천이신 분이시기 때문에 때로는 화도 복이 되도록 전화위복(轉禍爲福)으로 바꾸실 수 있는 분이시다. 마게도냐 교회의 성도들은 이런 사실을 알고 있었기 때문에 헌금 생활에 최선을 다했다.

그렇다면 마게도냐 신자들의 헌금 생활을 살펴보자.

☞고후 8:2-3을 읽으시오.(p.294)

2. 영적 생활을 영위해야 한다.

우리가 이 세상을 살아가면서 물질적으로 어려워지면 자기도 모르게 마음이 닫히게 되고, 물질에도 인색해지기 쉽다. 하지만 우리가 믿는 하나님은 만물의 주인이시기에 닫혀있는 물질의 문도 언제든지 활짝 여실 수 있다는 믿음으로 살아간다면 신자는 어려운 환난과 시련, 가난 중에서도 마게도냐 성도들처럼 풍성한 헌신의 신앙생활을 해나갈 수 있다.

오늘날에도 신자는 성령님의 음성을 들을 수 있는 영적 상태를 유지하는 것이 필요하며, 그 음성을 듣고 순종하는 삶의 자세가 필요하다. 그런 것들을 마게도냐 성도들에게서 배우도록 하자.

다음을 읽고, 마게도냐 성도들의 좋은 점을 찾아보자.

☞행 17:11-12을 읽으시오.(p.217)

☞살전 1:6-8을 읽으시오.(p.329)

3. 결단하는 신앙이 필요하다.

극한 가난과 환난 가운데서 풍성한 연보 생활은 쉬운 일이 아니다. 내 마음속에 역사하시는 성령님의 감동을 따라서 결단하는 신앙 없이는 불가능하다. 우리가 배워야 할 신앙에서 중요한 것 중에 하나는 그리스도인의 결단하는 신앙 자세이다.

우리의 헌신과 결단을 요구하시는 성령님의 감동하심이 있을 때에 지나쳐 버리지 말자. 오히려 적극적으로 성령님의 감동하심에 반응함으로써 성령의 인도하심을 받아서 살아가는 복된 성도가 되도록 하자.

다음을 읽고, 인도함을 받는 삶의 중요성을 알아보자.

☞갈 5:16-18을 읽으시오.(p.308)

....

....

....

나눔의 시간

1. 오늘의 말씀을 통해서 느낀 점을 말해 보자.
2. 성령님의 인도하심에 대한 간증해 보자.

제 35 과

바른 연보의 자세를 배우자

- 본문 / 고전 16:1-3(p.284)
- 찬송 / 213(통348), 214(통349)

◈

할렐루야! 전도합시다!

하나님의 것

한 젖소가 쌍둥이를 낳았다. 농부는 매우 기뻤다. 그래서 이런 결심을 했다.

"이건 필시 하나님의 은혜야. 한 마리는 하나님께 드려야지." 그런데 잘 자라던 송아지 중에서 불행하게도 한 마리가 죽었다. 그때에 농부는 이런 말을 하면서 스스로 위로를 받았다고 한다. "하나님이 당신의 송아지를 미리 가지고 가셨구나."

그리스도인에게 있어서 신앙생활과 연보는 떼려야 뗄 수 없는 불가분의 관계에 있다. 그렇기 때문에 신앙생활에서 바른 연보의 자세를 아는 것은 매우 중요하다. 왜냐하면 우리가 연보를 어떤 자세로 하느냐에 따라서 상급을 받을 수도, 책망을 받을 수도 있기 때문이다. 신자가 연보를 드리고 난 후에 축복이 되는 연보의 성경 원리를 아는 것은 중요하다.

1. 매주일 연보하라.

본문 1절에서 바울은 헌금에 대하여서 갈라디아 지역에 있는 여러 교회들에게 이미 가르친 것처럼 하라고 했다. 바울은 신자가 일주일간 열심히 일하여 얻은 것 중에서 매주일 첫날에 헌금할 것을 권면하였다. 오늘날의 교회에서도 대체로 매주일에 헌금을 하는 것이 기독교의 전통이다. 그러므로 신자가 기독교의 아름다운 전통을 이어받아 하나님께 매주일 헌금하는 것은 지극히 자연스러운 신앙 행위이다.

2. 미리 준비하라.

본문 2절에서 바울은 신자가 연보를 하기 위해서는 일주일간 열심히 일해 얻은 소득을 미리 저축해 두어야 한다고 했다. 성경이 말하는 하나님이 받으실 만한 연보의 자세는 바로 미리 준비하는 것이다. 연보를 미리 준비하는 것은 우리의 정성을 담는다는 의미가 있어서 하나님이 기뻐하신다.

다음을 읽어 보자.

☞고후 9:5을 읽으시오.(p.295)

....

....

3. 즐거운 마음으로 하라.

연보는 즐거운 마음이 필요하다. 일주일간 일하면서 소득에서 주님의 것으로 미리 떼어놓고 기도로 준비하면서 주일을 기다린다면 그 헌금을 드릴 때에 어찌 즐겁지 않겠는가? 준비된 자에게는 주일이 기다려질 것이고 헌금을 드릴 때에 기쁨이 넘치게 될 것이다.

☞고후 9:7을 읽으시오.(p295)

4. 후하게 연보하라.

우리가 헌금을 할 때에 자칫 잘못하면 주일날 남들은 다하는데 나만 안 할 수 없으니 체면 때문에 억지로 헌금하게 되는 경우가 생길 수 있다. 이런 마음에서 나온 헌금이 풍성한 연보가 될 수는 없으며 거룩하신 하나님 앞에 인색함이 배어 있는 헌금이 될 수밖에 없다.

다음을 읽고, 헌금에 대한 바울의 권면을 알아보자.

☞고후 9:11,13을 읽으시오.(p.295)

5. 자신을 먼저 드리라.

하나님이 우리에게 연보를 요구하시는 것은 하나님께 물질이 부족하기 때문도 아니고, 하나님이 물질을 좋아하시기 때문도 아니다. 이 세상 우주 만물이 다 하나님의 것으로 하나님은 부요자 중에 으뜸인 분이시다.

그러면 하나님은 왜 우리에게 연보를 요구하시는 것일까? 어떤 사람은 말하기를 물질은 사람들에게 제2의 생명이라고 하였다. 때문에 우리가 물질을 드림으로써 내 자신을 하나님께 드리는 것으로 여기게 되는 것이다.

다음을 읽고, 우리가 물질을 드리기 전에 무엇을 주님께 먼저 드려야 하는지 알아보자.

☞고후 8:5을 읽으시오.(p.294)

....

....

....

나눔의 시간

1. 오늘의 말씀을 통해서 느낀 점을 말해 보자.
2. 자신의 연보의 준비에 대해 이야기해 보자.

제 36 과

주일성수의 신앙을 확립하라

- 본문 / 행 2:1-4(p.188)
- 찬송 / 285(통209), 263(통197)

◈

할렐루야! 전도합시다!

카터와 주일성수

미국 제39대 대통령 지미 카터의 일화다. 그가 대통령 후보로 출마한 때였다. 그는 엄청나게 바쁜 선거 유세 일정 가운데서도 주일은 꼭 지켰다고 한다. 선거 참모들은 한 곳이라도 더 유세를 못해서 안달하였지만 카터는 요지부동이었다. 카터는 조지아주에 있는 조그만 그의 고향 교회에서 교회학교 학생들을 가르쳤는데 주일날에는 꼭 교회에 오기로 한 자기반 학생들과의 약속을 저버릴 수 없었던 것이다. 불리할 것만 같던 선거 유세 일정 속에 있을 때에 많은 기자들이 그 사실을 알고, 그가 고향 교회에서 학생들을 가르치는 것을 취재하였다. 당연히 그 기사는 대서특필 되었고, 그는 미국 대통령에 당선되었다. 그는 퇴임 후에도 가장 존경받는 대통령 중의 한 명이 되었다.

기독교인에게 주일성수는 매우 중요한 신앙 행위이다. 요즘은 주 5일 근무제가 보편화되어 있어 자칫 주일성수를 잊어버리고 하나님과 동떨어진 삶을 살기 쉽다. 이럴 때일수록 신자는 주일성수 신앙의 중요성을 기억하고, 이를 지키기 위해 힘써야 할 것이다.

그렇다면 주일이 어떤 날이기에 주일성수가 그렇게 중요한가?

1. 하나님이 복되게 구별하신 날이다.

출애굽기에 나오는 이스라엘 백성들의 광야 생활은 영적으로 볼 때에 오늘날 우리가 살아가는 이 세상의 모습과 같다. 하나님은 광야의 백성들에게 모세를 통해서 십계명을 주시면서 4계명으로 "안식일을 기억하여 거룩히 지키라"(출 20:8)고 하며, 하나님이 이 안식일을 복되고 거룩하게 하셨다(출 20:11)고 했다. 구약의 안식일은 신약의 주일과 같다. 주일성수가 중요한 이유는 바로 이 날이 하나님이 거룩하고 복되게 구별하신 날이기 때문이다.

다음을 읽고, 천지창조 마지막 날에 하신 하나님의 말씀을 알아보도록 하자.

☞창 2:1-3을 읽으시오.(p.2)

....

....

....

2. 성령님이 강림하신 날이다.

성경에 보면 성령님은 오순절 날에 강림하셨다고 기록하고 있다(행 2:1). 오순절이라고 함은 구약에서 유월절이 지난 후에 50일째

되는 날인데, 이 날은 신약에서 주일에 해당하는 날이다.

유월절은 이스라엘 백성들이 애굽을 탈출하던 때에 지켜졌고, 그로부터 1개월 만에 이스라엘 사람들은 시내 산에 도착했다. 그리고 출애굽한지 50일째에 십계명을 받았는데, 초대교회 성도들은 오순절에 성령을 받았다. 구약의 성도들이 십계명의 율법을 따라서 생활하였듯이, 신약 시대 성도들은 성령을 따라서 살아간다.

다음을 읽고, 오순절에 있었던 사건을 살펴보자.

☞행 2:1-4을 읽으시오.(p.188)

....

....

....

3. 예수님이 부활 승리하신 날이다.

유대인들은 로마의 군병들을 선동하여 예수님을 갈보리 산에서 십자가에 못 박아 죽였으며, 생전에 예수님을 아끼던 사람들에 의해서 예수님은 무덤에 장사되었다. 많은 사람들은 예수님의 죽음으로 이제 모든 소망이 끝났다고 절망했지만, 예수님은 말씀하신 대로 무덤 문을 여시고 부활 승리하여 사람들에게 자신의 부활 승리하심을 증명해 보여주셨다.

우리가 기억할 것은 우리의 구원자이신 예수님이 부활 승리하신 날이 바로 주일이었다는 것이다. 이런 면에서 신자가 주일을 성수하는 것은 대단히 중요한 신앙모습이다.

다음을 읽고, 부활하신 예수님을 만난 사람을 찾아보고, 그 장면에서 느낀 점을 말해 보자.

☞막 16:9-11을 읽으시오.(p.85)

....

....

....

4. 하나님 백성들이 예배드리는 날이다.

주일에 신자들이 모일 때에 그곳에는 친교도 있고 교육도 있으며 회합도 있지만, 무엇보다 중요한 것은 거룩한 주일에 모여서 하나님께 예배드리는 시간을 갖는 것이다. 주일은 하나님의 백성들이 거룩하신 하나님께 예배를 드리는 거룩한 날이다.

다음을 읽고서 우리에게 어떻게 예배드리라고 했는지 알아보자.

☞요 4:23-24을 읽으시오.(p.148)

....

....

....

나눔의 시간

1. 오늘의 말씀을 통해서 느낀 점을 말해 보자.
2. 주일성수의 중요성에 대한 체험을 말해 보자.

제 37 과

준비된 예배를 드리라

● 본문 / 행 20:7-12(p.223)
● 찬송 / 354(통394), 204(통379)

◈

할렐루야! 전도합시다!

아무리 바빠도

이슬람교도들은 하루에 다섯 번씩 반드시 알라신에게 기도를 한다. 뿐만 아니라 첫 기도는 반드시 동이 트기 전에 해야 하며, 꼭 목욕을 해야만 한다. 그들은 아무리 바빠도, 어떤 사정이 있더라도 철저히 지킨다.

서울의 한 교회의 어느 장로님은 토요일 밤에는 반드시 목욕을 하고, 주일 아침에는 항상 새 옷을 준비하였다가 입는다. 그러면서 하는 말이 하나님께 나아가는데 어떻게 이 정도의 준비도 없이 되겠느냐는 것이었다. 그렇다면 우리는 기독교인으로서 과연 어떤 준비를 하여 하나님께 예배를 드리고 있는가?

사도 바울이 제3차 전도여행을 마치고 예루살렘으로 귀환하던 중에 드로아에서 약 1주일 정도 머물며 그곳에서 예배를 인도하게 되었다. 그때에 많은 사람들이 모여들어 그곳이 가득 찼다. 이튿날 그곳을 떠나야 하므로 복음을 더욱 전파하고 싶은 바울의 설교가 밤중까지 길어졌다. 마침 유두고라는 청년이 삼층 창가에 걸터앉아서 설교를 듣던 중 졸다가 밑으로 떨어져 죽는 사고가 발생하였다. 하지만 바울의 기도로 다시 살게 되는 은총을 누렸다.

우리는 여기서 똑같은 시간에 예배를 드린다고 할지라도 말씀에 은혜를 받고 기뻐하는 사람들을 발견할 수 있으며, 반대로 유두고처럼 예배시간 내내 졸다가 아무런 의미 없이 집으로 되돌아가는 사람을 발견할 수도 있다. 유두고는 준비 안 된 예배자의 표본이다. 예배는 드리는 자의 준비가 필요하다.

그렇다면 예배의 준비가 필요한 이유를 알아보자.

1. 그래야 하나님이 받으시는 예배가 된다.

똑같은 장소에서 똑같은 시간에 예배를 드린다고 할지라도 어떤 사람의 예배는 하나님이 받으시고, 어떤 사람의 예배는 받지 않는 예배가 될 수 있는데, 그것은 그 사람의 예배하는 자세 여하에 달려있다. 하나님은 형식을 중요시 여기는 분이 아니시라, 중심을 중요하게 여기는 분이시다. 그러므로 신자는 예배시간에 참석하기 전에 그 예배가 하나님께 상달되기 위해서 미리미리 준비하여 예배를 드리는 아름다운 예배자의 자세를 가져야 한다.

다음을 읽고, 준비된 예배를 드리는 것의 중요성을 말해 보자.

☞삼상 16:7을 읽으시오.(p.434)

....

....

....

2. 그래야 예배의 감격이 회복된다.

어떤 사람은 예배가 끝난 후에 목사님의 손을 꼭 붙들고 "목사님 오늘 큰 은혜를 받았습니다. 꼭 내 사정을 아시고 하시는 말씀 같았습니다."라고 하면서 기뻐하고 은혜가 충만하여 돌아가는 데 반하여, 어떤 사람은 예배시간 내내 유두고처럼 졸다가 목사님의 설교가 은혜가 안 된다고 불평하면서 돌아가는 사람이 있다.

예배를 미리 준비하여 준비된 예배를 드리는 사람은 마음 문이 열리게 되고, 어떤 말씀을 들을 지라도 은혜가 되며, 예배의 감격을 맛보게 된다.

다음을 읽고, 예배의 감격을 회복하기 위해서 필요한 것에는 어떤 것이 있는지 말해 보자.

☞요 4:23-24을 읽으시오.(p.148)

....

....

....

3. 그래야 예배의 기적을 체험케 된다.

예배시간 내내 졸다가 떨어져 죽은 유두고와는 달리, 대부분의 사람들은 바울 사도의 설교를 사모함으로 들었다. 그들은 바울 사도가 그곳에 온다는 소식을 미리 알고 있어 그 집회를 위해서 미리

부터 기도로 준비하며 사모하는 마음으로 참석했던 것이다. 미리 준비된 마음으로 참석한 사람들에게 하나님은 어떤 기적을 보여주셨는가? 그들은 유두고라는 청년이 죽었다가 다시 살아남으로써 하나님의 살아계신 현재성을 깨닫게 되는 예배의 기적을 체험하였던 것이다. 예배는 우리의 문제를 해결함 받고 응답받는 기적을 체험하는 시간이다.

다음을 읽고, 다윗의 신앙고백을 살펴보자.

☞시 40:1-5을 읽으시오.(p.830)

....

....

....

나눔의 시간

1. 오늘의 말씀을 통해서 느낀 점을 말해 보자.
2. 우리가 예배의 준비를 어떤 면에서 해야 할지 의논해 보자.

제 38 과

아멘으로 화답하여 예배하라

● 본문 / 느 8:5-6(p.738)

● 찬송 / 528(통318), 546(통399)

◈

할렐루야! 전도합시다!

아멘을 하지 못하는 성도

어느 교회에서 목사님의 목회 기도가 있었다. "주여, 우리가 우리 영혼을 주님께 맡길 수 있도록 믿음을 주시옵소서!", "아멘!", "주여, 우리의 온몸과 마음도 주님께 맡기게 하옵소서!" "아멘!" 교인들이 우렁찬 소리로 응답했다.

이번에는 목사님이 "주여, 우리의 재산도 모두 주님께 맡길 수 있도록 하여 주시옵소서!" 그러나 이번에는 '아멘'의 소리가 적었으며, 우렁찬 소리도 사라지고 없었다. 우리는 물질까지도 '아멘'하는 성도가 되어야 한다.

바벨론 귀환 후에 예루살렘 성이 재건되었을 때에 이스라엘 백성들은 수문 앞 광장에 모여서 학사 에스라를 초청하고 여호와께서 주신 모세의 율법책을 낭독하기를 청하였다(1절). 학사 에스라가 특별히 지은 나무 강단에 서서(4절) 여호와의 율법책을 펼 때에 모든 백성들이 일어섰고(5절), 광대하신 여호와를 송축하매 모든 백성이 손을 들고 아멘 아멘 응답하였다고 했다(6절).

원어에서 '아멘' 이란 말의 의미는 '진실로 그러하다' 는 뜻으로, 동의를 나타낸다.

오늘날 우리도 예배시간에 말씀이 선포될 때에 이스라엘 백성들처럼 아멘으로 화답하여 예배하는 것이 중요하다. 그 이유를 알아보도록 하자.

1. 주님이 기뻐하신다.

아멘의 신앙은 주님이 기뻐하시는 것으로 신자에게는 마땅히 행해야 할 신앙행위이다. 강단에서 말씀이 선포될 때에 신자가 아멘으로 화답하는 것은 그 말씀에 나도 동의한다는 자신의 영적인 의지를 주님께 보여드리는 행위이기 때문에 그러한 모습을 주님이 기뻐하시는 것이다.

다음을 읽고, 시편기자가 권면하는 신앙의 모습을 알아보자.

☞시 106:48을 읽으시오.(p.881)

....

....

....

....

2. 성도의 연합이 이루어진다.

예배시간에 말씀이 선포될 때에 모든 성도가 "아멘!"으로 화답하면 말씀을 전하는 목회자가 힘을 얻게 될 뿐만 아니라 모든 성도의 신앙적인 연대와 연합이 이루어지며, 신앙의 일체감이 생기고, 은혜의 분위기가 창출된다는 것은 주지(周知)의 사실이다. 그러므로 교회에서는 아멘 신앙이 필요하며, 매 예배시간에 아멘으로 화답하며 예배드리는 것이 중요하다.

다음을 읽고, 에스라 당시처럼 아멘을 함께 연습해 보자.

☞느 8:6을 읽으시오.(p.738)

....

....

....

3. 자신의 믿음이 증진된다.

아멘으로 화답하면서 예배드리는 것이 중요한 이유 중 하나는 아멘 신앙으로 세워진 성도의 믿음은 날마다 자라날 수밖에 없다는 사실이다. 신자가 "아멘!"하고 소리 내어 화답하게 되면 말씀이 마음에 확신으로 다가오게 되며, 들은 말씀이 내 인격으로 들어와서 말씀의 인격화가 이루어진다.

다음을 읽고, 들은 말씀이 내게 축복이 되기 위해서 어떻게 해야 할지 알아보도록 하자.

☞히 4:2을 읽으시오.(p.356)

....

....

....

4. 축복과 응답이 온다.

아멘 신앙의 중요성 중의 하나는 신자가 아멘으로 화답할 때에 말씀이 믿음이 되고, 믿는 성도의 그 믿음으로 인해 신자에게 축복과 응답의 역사가 이루어지기 때문이다.

아멘 신앙은 고백하는 사람의 심령에 은혜와 축복이 되고, 아멘 신앙으로 하나 된 교회에 축복이 되며, 아멘 신앙으로 화답하는 자의 모든 형편에 축복으로 나타난다.

다음을 읽고, 아멘 신앙의 중요성을 알아보자.

☞고후 1:19-20을 읽으시오.(p.287)

....

....

....

나눔의 시간

1. 오늘의 말씀을 통해서 느낀 점을 말해 보자.
2. 말씀이 선포될 때에 아멘이 잘되지 않는 이유를 말해 보자.

제 39 과

새가족을 세우며 예배하라

- 본문 / 롬 12:1-2(p.256)
- 찬송 / 412(통469), 428(통488)

◈

할렐루야! 전도합시다!

모자를 쓴 교인

미국 어느 교회에서의 일이다. 몇 개월째 계속 모자를 쓰고 예배를 드리는 교인이 있었다. 참다못한 목사가 예배 안내 집사를 통해 모자를 벗게 했다. 그 집사는 조심스럽게 "예배 시간에는 모자를 벗는 게 예의"라고 이야기했다. 그러나 뜻밖에도 그 신사는 미소를 지으며 대단히 감사하다고 이야기했다. 궁금한 집사가 물었다.

"성도님, 아까 제게 왜 고맙다고 말씀하셨습니까?"

"제가 이 교회에 출석한지 6개월이 지났으나 아무도 제게 말을 걸지 않았어요. 집사님이 제게 처음 말을 거셨거든요!"

하나님은 자기 백성이 예배드리는 것을 기뻐하신다. 그렇기 때문에 구약의 성도들이나 신약의 성도들은 모두 하나님께 예배드리기 위해 힘썼다. 구약 시대는 동물을 희생 제물로 바침으로 예배를 드렸지만, 신약 시대에는 희생 제물이 아닌 우리 자신의 몸을 거룩한 산제사로 바침으로 예배를 드려야 했다. 본문 1절에서는 이것을 가리켜 너희가 드릴 영적 예배라고 했다. '영적 예배'란 말을 공동번역 성경에서는 '진정한 예배'라고 번역했다.

새가족은 교회의 모든 것에 익숙지 않아서 낯설기만 하다. 그러므로 저들이 교회와 예배 생활에 정착될 때까지 돌봄 사역이 필요하다. 새가족 역시 진정한 예배를 드릴 수 있도록 새가족을 세우면서 예배를 드리도록 하자.

그렇다면 어떻게 하면 좋을 것인가?

1. 가장 좋은 자리로 안내하라.

교회에는 꼭 새가족 전담부서가 있어야 하고, 구역에도 새가족을 도울 체제가 항상 갖추어져 있어야 한다. 새가족이 교회에 참석하게 되면 새가족 위원들은 즉시 예배실에서 가장 편안하고 좋은 자리로 그들을 안내해서 함께 예배드리는 것이 좋다.

새가족의 교회 정착 여부는 교회에 왔을 때에 느끼는 첫인상이 크게 좌우한다는 통계가 있다.

2. 성경과 찬송가를 찾는 것을 도우라.

다른 교회에 다니다가 이사 등의 이유로 교회에 찾아온 경우와 달리 교회에 처음으로 나오게 된 새가족의 경우는 교회 생활의 모든 것에 낯설고 생소할 수밖에 없으며, 특별히 예배시간에 성경을 찾고 찬송가를 찾아 부르는 일에는 더더욱 미숙할 수밖에 없다. 그러므로 새가족과 함께 예배를 드리는 사람은 새가족의 옆에서 성경을 찾아 읽고, 찬송가를 찾아 부르는 일에 조금도 불편함이 없도록 돕는 것이 필요하다. 이는 그들에게 따뜻함을 느끼게 하며 좋은 인상을 얻는 계기가 될 것이다. 이와 같은 배려는 새가족이 하나님께 집중하여 은혜를 받는 아름다운 예배가 되도록 할 것이다.

3. 예배 후 새가족실로 안내하라.

예배를 마친 후에 새가족 위원은 재빨리 새가족을 함께 모시고 새가족실로 인도하는 것이 필요하다. 새가족실에서 함께 다과를 나누며 교제하다가 새가족 전담 사역자에게 인계하고, 새가족 전담 사역자는 교회 소개와 함께 앞으로의 교회생활 안내 등을 하며 따뜻하게 새가족을 맞을 때에 예배 후의 감격이 계속적으로 남게 될 것이다.

4. 지속적 관심을 가지라.

교회에 한 번 나왔던 새가족이 다음 주일에 계속해서 나오지 않는다면 그 다음에 나올 확률은 현저하게 떨어진다는 통계가 있다. 반대로 한 번 교회에 나왔던 새가족이 그다음 주일에도 계속적으로 예배에 참석하게 되면 등록하여 정착할 확률이 그만큼 높아지게 되는 것이다.

예배란 교회에 모여서 드리는 예배도 있지만, 예배 후에 세상에서 예배적인 삶을 살아가는 것도 중요하다. 새가족을 세우면서 예배한다는 것은 바로 새가족도 예배적인 삶을 살 수 있도록 지속적으로 관심을 갖는 것이다.

나눔의 시간

1. 오늘의 말씀을 통해서 느낀 점을 말해 보자.
2. 우리 구역에서는 새가족을 어떻게 세우면서 예배할지 의논해보도록 하자.

제 40 과

예배를 축제가 되게 하라

- 본문 / 요 4:23-24(p.148)
- 찬송 / 185(통179), 94(통102)

◈

할렐루야! 전도합시다!

어린이가 본 예배시간

어떤 아이가 장난감을 가지고 열심히 무언가를 만들고 있었다. 아이의 아버지는 무엇을 만드는지 궁금해서 들여다보았다.

"쉿, 종용히 하세요. 지금 교회를 만들고 있어요."

교회를 만들고 있으니 조용히 하라는 말에 기특하게 여긴 아빠가 말했다.

"왜 교회에서는 조용해야 되지?"

"사람들이 모두 졸고 있으니까요."

주일은 우리 주님이 부활하신 날이다. 가장 기쁘고 즐거워해야 할 축제일이다. 예배가 축제가 되어야 한다.

하나님이 기뻐하시는 예배는 어떤 예배인가? 오늘 본문에서 하나님이 찾으시는 예배는 "영과 진리로 드리는 예배"라고 했다. 여기서 '영과 진리'라는 말을 공동번역 성경에서는 영적으로 참된 예배라고 번역하였다.

어떤 사람은 말하기를 하나님이 기뻐 받으실만한 참된 예배는 축제적인 예배라고 했다. 오늘날 우리는 예배가 축제가 되게 해야 한다. 그렇다면 어떻게 해야 축제적인 예배를 드릴 수 있을 것인가? 그것은 축제에 대한 것들을 생각해보면 알 수 있다.

1. 준비가 있다.

좋은 축제는 말로만 만들어지지 않는다. 철저한 준비 과정을 거친다. 마찬가지로 예배는 축제가 되어야 한다고 말로만 해서 축제 예배가 만들어지지 않는다. 좋은 축제의 예배가 되도록 철저한 준비가 필요하다. 그리스도인들은 신령과 진정한 예배를 드리기 위해 철저히 준비해야 한다.

2. 기대가 있다.

사람은 누구나 축제의 날이 있을 때에 그날에 대한 기대를 갖는다. 때로는 마음이 들떠 밤잠을 설치면서까지 축제의 그날을 기다리게 된다. 축제적인 예배는 그날에 참석하는 사람들의 마음에서부터 시작된다. 축제 예배에 대한 기대로 마음이 들뜨고, 예배드리는 그 시간을 기다리면서 기도로 준비하여 참석하자.

3. 분위기가 있다.

축제에 참석해 보면 그곳에는 하루 종일 축제의 분위기가 있어서 사람들의 마음을 행복하게 한다. 예배에는 어떤 분위기가 있어야 하는가? 그곳에는 성령으로 충만한 은혜의 분위기가 창출되어야 한다.

4. 함께 기뻐한다.

축제가 있는 곳에 참석해 보면 많은 사람들이 한결같이 기쁨으로 가득한 것을 발견할 수 있다. 그곳에 모인 모든 사람들이 즐거워하면서 축제에 참석한다. 축제 예배 역시 하나님이 주신 은혜로 말미암아 함께 기뻐하고 행복을 누리게 된다.

5. 주인공이 있다.

결혼식이나 각종 축제에 가보면 그곳에 그날의 주인공이 있다. 교회에서의 예배의 주인공은 인간인 내가 아니라, 바로 하나님 아버지이시며, 그의 독생자 되신 예수 그리스도이시다. 그러므로 예배는 내가 참석해 주는 것이 아니라, 하나님께 예배를 드리는 거룩한 예식인 것이다.

다음을 읽고, 예배의 주인공에게 어떻게 할지 알아보자.

☞요 4:23-24을 읽으시오.(p.148)

....

....

....

....

6. 교제가 있다.

축제는 주인공을 축하하는 날이기도 하지만 겸하여서 그곳에 참석한 사람들이 함께하는 아름다운 교제의 날이기도 하다. 마찬가지로 예배도 하나님께 드리는 거룩한 예식이지만, 그 예식에 동참하는 사람들의 거룩한 교제가 병행된다. 신자는 예배에 참석하면서 거룩한 공동체를 항상 기억해야 한다.

7. 활력이 넘친다.

축제를 통하여 사람들은 활력을 얻으며, 그 축제가 끝난 후에도 삶의 활력소로 지속된다. 신자는 예배의 축제를 통해서 얻은 힘을 가지고 세상에서 활기차게 살아간다. 세상에서의 삶은 예배적인 삶이다.

나눔의 시간

1. 오늘의 말씀을 통해서 느낀 점을 말해 보자.
2. 축제적인 예배의 경험을 서로 이야기해 보자.

제 41 과

가정예배를 생활화하라

- 본문 / 엡 6:1-4(p.316)
- 찬송 / 405(통458), 559(통305)

◈

할렐루야! 전도합시다!

내가 먼저 변해야

1996년 국민일보에 어떤 전도사님의 간증이 연재된 적이 있었다. 한눈에 반해 결혼을 했는데, 결혼 후 생활은 너무 딴판이었다. 심지어 남편은 알코올 중독자까지 되었다. 그녀는 매일 집에서 가정예배를 드리며 눈물로 기도했다. 제발 술을 끊고 새 사람이 되게 해 달라고 기도했는데 오히려 변한 사람은 남편이 아니고 그녀 자신이었다. 자신이 먼저 변해 남편을 조금이나마 이해하니까 이번에는 남편이 변했다. 남편은 주님 앞에 돌아와 함께 열심히 신앙생활을 하게 되었다. 그렇다. 가정에 문제가 있을 때에 우리 기독교인의 가장 훌륭한 해결 방법은 가정에서 예배드리며 기도하는 것이다.

사실 기독교인이라고 할지라도 가정예배를 가정에서 실천하는 것은 쉬우면서도 어려운 일이라고 할 수 있다. 그것은 온 가족이 다 협력해야 하기 때문이다. 때로는 남편이, 아내가, 또는 자녀가 협력하지 않을 수도 있다. 그럴 땐 혼자서라도 시작해야 한다. 기독교인에게 있어서 가정예배는 꼭 필요한 신앙생활 중 하나다.

그렇다면 가정예배를 실천할 이유는 무엇인가?

1. 가정에 하나님의 임재가 있다.

신자의 가정은 항상 찬송이 흘러나오게 해야 한다. 찬송이 흘러나오는 가정에 행복과 기쁨이 있다. 온 가족이 모여서 찬송을 부르며 말씀을 읽고 나눌 때 하나님이 임재하시기 때문이다.

하나님이 함께하는 가정이 되기를 원하는가? 가정에서 예배가 살아있게 하라. 하나님의 임재를 온 가족이 피부로 느끼면서 살아갈 때 인생의 어려움과 고난이 닥쳐올지라도 능히 극복하고 넘어가며 승리하는 인생을 영유할 수 있게 된다.

다음을 읽고, 다윗이 하나님의 임재를 구하는 이유를 알아보자.

☞시 70:5을 읽으시오.(p.851)

....

....

....

2. 자녀가 신앙의 유산을 물려받는다.

어떤 가정은 아버지와 어머니는 신앙이 좋은데 그 자녀들이 신앙생활을 떠나 세상에서 방황을 하는 모습을 종종 보게 되어 가슴 아픈 경우가 있다. 부모의 신앙을 자녀가 물려받지 못하는 것은 상상하기조차 싫은 모습이다. 자녀에게 신앙의 유산을 물려줄 수 있는 가장 좋은 길은 자녀가 어릴 때부터 가정예배를 생활화하는 것이다. 어려서부터 말씀을 배운 자녀는 장성해서 그 말씀으로 생활하게 된다.

다음을 읽어 보자.

☞잠 22:6을 읽으시오.(p.933)

....

....

....

....

3. 경건한 신앙의 가정이 된다.

경건한 신앙의 가정은 저절로 되지 않는다. 가정에서 부모로부터 자녀에 이르기까지 온 가족이 신앙의 가정이 되도록 힘써 노력하는 것이 필요하다. 특별히 가정예배를 생활화하는 가정은 경건한 신앙의 가정이 되는 지름길을 걷고 있는 것임을 명심하자. 온 가족이 하나님을 잘 믿고 부모에게 순종하는 경건한 신앙의 가정은 가정예배로부터 시작된다.

본문을 읽고, 가정예배와 연관해 재해석해 보자.

☞엡 6:1-4을 읽으시오.(p.316)

....

....

....

....

나눔의 시간

1. 오늘의 말씀을 통해서 느낀 점을 말해 보자.
2. 가정예배를 통해서 얻은 간증을 나눠 보자.

제 42 과

봉사가 습관이 되게 하라

- 본문 / 엡 4:12-13(p.313)
- 찬송 / 354(통394), 292(통415)

◈

할렐루야! 전도합시다!

사랑의 꿀단지

꿀을 먹고 사는 꿀개미 집단에 '꿀단지'라고 불리는 개미들이 있다고 한다. 꿀단지는 평소에 꿀을 잔뜩 빨아들여 항상 온몸이 통통 부어 있다. 그러다가 꿀을 구하기가 어려워지면 동료 꿀개미들이 꿀단지에게 달라붙어 꿀단지의 몸에 비축된 꿀을 빨아먹고 굶주림의 위기를 넘긴다고 한다. 그렇다. 우리 교회와 우리 기독교인들이 사회의 꿀단지가 되어야 하지 않을까? 그리고 우리 구역이 우리 교회의 꿀단지가 되면 어떨까?

교회에는 여러 가지 직분이 있다. 하나님이 우리들에게 직분을 주신 목적은 그리스도의 교회를 세우려고 하는 데 있다. 주님의 교회는 성도의 봉사를 통해서 세워져 간다. 신자들이 서로 높이고 섬기는 봉사 활동을 온전히 수행해 나갈 때에 아름다운 교회가 세워질 수 있다. 그렇기 때문에 신자는 봉사의 삶이 습관화가 되어야 한다. 교회의 봉사 활동이 체면치레가 되어서도 안 되며, 자기를 나타내는 수단이 되어서도 안 된다. 봉사는 신자의 신앙생활 자체가 될 때에 아름답다.

그렇다면 봉사가 무엇이기에 봉사의 습관화가 필요할까?

1. 하나님의 일을 돌보는 것이다.

봉사는 나의 일보다 하나님의 일에 우선순위를 두고 하나님의 일을 돌보는 것이다. 본문 12절에서 '봉사'란 말의 원어는 '디아코니아'인데, 이는 하나님의 일을 돌본다는 의미가 있다. 교회에서 가난한 자, 병든 자, 소외된 자, 어려움에 처한 자들을 돌보는 봉사자들이 많아질수록 교회는 더욱 아름다워 질 것이다. 신자는 봉사의 사역을 좋은 의미에서 습관화가 되게 하는 것이 필요하다.

다음을 읽고, 그리스도인의 참 경건에 대해 알아보자.

☞약 1:26-27을 읽으시오.(p.372)

....

....

....

2. 섬김의 일을 실천하는 것이다.

'봉사'란 말의 원어 '디아코니아'는 그 안에 '섬김의 일'이라는 의미가 있다. 그러므로 하나님이 교회에 직분을 세우고 봉사의 일을 하게 하신 데에는 섬기는 일을 서로 하도록 하여 아름다운 교회를 세우시려는 뜻이 있다. 신자가 섬긴다는 말은 대접을 받는 것이 아니라, 오히려 스스로 종의 자세로 돌아가서 시중을 들고 돌보는 것을 의미한다. 신자는 스스로 낮아져서 서로 섬기는 삶을 살아가야 한다.

다음을 읽고, 가난한 성도를 섬기는 일을 어떻게 했는지 알아보도록 하자.

☞고후 9:1-2을 읽으시오.(p.295)

....

....

....

3. 맡은바 사명을 감당하는 것이다.

성경에서 '봉사'란 말의 원어 '디아코니아'에는 또한 '사명'이라는 의미가 있다. 하나님이 우리를 이 땅에 보내실 때에는 아무런 의미와 목적 없이 그냥 보내신 것이 아니라 어떤 임무를 부여하여 보내신 것이다.

하나님이 우리에게 주신 임무는 우리 인간의 편에서 바라볼 때에는 사명이라고 할 수 있다. 신자는 하나님이 주신 사명을 바르게 감당해야 하며, 특별히 교회에서 봉사의 활동을 통해서 그 사명을 감당하는 것이 중요하다.

다음을 읽고, 사명 받은 자의 자세를 알아보자.

☞행 20:24을 읽으시오.(p.224)

....

나눔의 시간

1. 오늘의 말씀을 통해서 느낀 점을 말해 보자.
2. 우리가 봉사 활동을 하고자 할 때에 그것을 방해하는 요소가 어떤 것들이 있는지 이야기해 보자.

제 43 과

봉사자의 자세를 확립하라

- 본문 / 벧전 4:10-11(p.381)
- 찬송 / 543(통342), 450(통376)

◈

할렐루야! 전도합시다!

장로님과 화장실

다일공동체 나눔의 집에 화장실이 하나밖에 없을 때의 일이다. 장로님이 화장실에 들어가셨는데 나오질 않으셨다. "장로님, 대강 끊고 나오시죠. 지금 다섯 명이 줄을 섰습니다." 모두들 사색이 되었다. 그러나 문은 몇 번을 더 독촉한 후에야 열렸다.

문이 열렸을 땐 모두들 놀라고 말았다. 어느 여학생이 넣지 말아야 할 것을 넣는 바람에 변기가 꽉 막혀 물이 내려가지 않았던 것이다. 이에 장로님은 막힌 변기를 뚫기 위해 맨 손을 넣어 그것을 끄집어 내셨던 것이다. 그날 목사님은 장로님과 함께 방문한 청년들에게 이렇게 말씀하셨다고 한다. "여러분께는 제가 아무런 설교도 하지 않겠습니다. 그저 장로님만 본받으면 됩니다."

신앙생활은 교회만 왔다가는 것이 아니다. 교회만 왔다가는 신앙생활에 기쁨과 보람이 없다. 선한 청지기가 되어 봉사할 때만이 신앙생활의 참 행복을 얻을 수 있다.

본문 10절에서 '청지기'란 말은 집안의 살림을 맡아서 일하는 사람으로서, 그는 좋은 일과 궂은일을 가리지 않는다. 신자는 하나님의 집인 교회의 살림을 맡은 자이다. 신앙의 행복을 위해서 교회의 살림살이를 청지기 자세로 하도록 하자.

1. 기쁜 마음으로 봉사하라.

봉사란 말은 어떤 대가를 바라고 하는 일이 아니다. 그것은 종의 자세로 대가 없이 행하는 것이기 때문에 기쁜 마음이 없이는 감당할 수 없다. 때문에 기쁜 마음, 즐거운 마음을 가지고 임할 때에야 봉사 가운데 보람과 행복을 얻을 수 있다.

봉사의 일은 쉬울 수도, 힘들고 어려울 수도 있다. 하지만 신자는 기쁘고 즐거운 마음으로 봉사를 해야 한다. 그럴 때 교회는 더욱 아름다운 소문으로 가득하게 될 것이다.

다음을 읽고, 예수님이 십자가를 어떻게 참았는지 살펴보고, 우리의 봉사 활동과 연결 지어 말해 보자.

☞히 12:2을 읽으시오.(p.367)

....

....

....

....

2. 자원하는 마음으로 봉사하라.

교회에서의 봉사 활동은 어떤 대가가 주어지지 않기 때문에 힘들고 어려우면 회피하고 싶어지기 마련이다. 그러나 하나님이 우리의 봉사를 보시고 은혜를 주신다는 것을 기억할 때 우리는 기쁨으로 감당할 수 있을 것이다. 이처럼 성도들이 자원하는 마음으로 궂은일도 기쁨으로 감당할 때 교회는 더욱 사랑으로 가득차며 부흥하게 될 것이다.

다음을 읽어 보자.

☞시 51:12을 읽으시오.(p.838)

………………………………………………………………………………

………………………………………………………………………………

………………………………………………………………………………

3. 주님이 주시는 힘으로 하라.

봉사를 내 힘으로만 하려고 하면 너무 힘들다. 어려운 일이나 궂은일이 생기면 포기하기 쉽다. 그렇기 때문에 신자가 봉사할 때에 내 힘이 아닌 주님이 주시는 능력을 힘입어서 해야 한다. 내 힘으로 하려 할 때 고난을 이겨내지 못하고 오히려 낙심과 절망으로 쉽게 포기하게 된다. 하지만 주님이 주시는 힘을 의지할 때 나는 부족하지만 능력 주시는 주님으로 능히 그 일을 감당할 수 있는 힘을 얻게 된다.

다음을 읽고, 우리가 주님이 주시는 힘으로 봉사할 이유를 발견해 보도록 하자.

☞벧전 4:11을 읽으시오.(p.381)

………………………………………………………………………………

나눔의 시간

1. 오늘의 말씀을 통해서 느낀 점을 말해 보자.
2. 교회에서 봉사할 때에 내 힘으로 하였을 때와 기도하면서 주님의 능력을 의지했을 때의 차이를 자신의 경험에 비추어서 말해 보자.

제 44 과

내 몸을 드려 봉사하라

● 본문 / 고전 9:24-27(p.274)
● 찬송 / 450(통376), 436(통493)

◈

할렐루야! 전도합시다!

나는 혼자가 아닙니다.

아프리카 선교사 리빙스턴이 박사 학위를 받기 위해 영국으로 잠시 귀국했다. 사자에게 물린 자국과 아프리카 풍토병인 열병으로 수도 없이 쓰러졌던 그는 몹시 수척했다. 사람들은 그에게 더 이상 아프리카에 가기에는 건강에 무리라고 설득했다. 그러나 그는 다시 아프리카로 가겠다고 했다. "나는 혼자가 아닙니다. 주님이 함께 가십니다. 그러니 아무 염려하지 마십시오."

운동선수는 단 며칠만 연습을 게을리 하더라도 기록이 달라진다. 그렇기 때문에 운동선수는 날마다 자기를 다잡아 엄격하게 훈련에 임한다.

바울은 신앙생활을 운동선수에 비유하여 말한다. 세상의 운동선수가 자기 몸을 절제하며 최선을 다하는 것은 세상의 썩어질 면류관을 얻고자 함이지만, 그리스도인이 자기를 드려 헌신하는 것은 영원히 썩지 않을 면류관을 위해서라고 했다. 주님의 몸된 교회에서의 봉사와 사역들은 말로만 하는 것이 아니다. 그것은 몸으로 하는 것이어야 참되다. 교회에서는 입술로 봉사하는 이들보다 자기 몸을 드려 헌신하는 사람이 더욱 귀하다.

바울은 주님의 복음을 위해서 자기 몸을 쳐서 주님께 복종하게 하면서 헌신한다고 하였다. 그리스도인은 바울처럼 세상으로 향하는 내 몸을 쳐서 주님께 복종시키는 헌신이 필요하다.

그렇다면 우리가 내 몸을 쳐서 복종하는 것이 필요한 이유는 무엇인가?

1. 영적 교만에 빠지지 않기 위해서다.

인간은 누구나 타락한 본성을 가지고 있다. 그렇기 때문에 어떤 일에 자기가 앞장서서 일한 후에 그것으로 인해서 많은 사람들의 주목을 받게 되면, 자기도 모르는 사이에 영적인 교만에 빠지기 쉬운 속성을 가지고 있다. 원수 마귀 사탄은 우리의 이런 타락한 속성을 잘 알고 있기 때문에 항상 우리를 교만에 빠지도록 충동한다. 그렇기 때문에 신자는 자신을 드려서 헌신하되, 항상 영적인 교만에 빠지지 않도록 자기 자신을 쳐서 주님께 복종시키는 훈련을 해야 한다.

다음을 읽고, 바울이 자기를 쳐서 복종시킨 이유를 찾아보자.

☞고전 9:27을 읽으시오.(p.274)

....

....

....

2. 하나님의 영광만 나타나기 위해서이다.

타락한 인간의 본성은 어떤 일을 한 후 그것에 대해 칭찬 듣는 것을 좋아하고, 누가 알아주는 것을 좋아한다. 그렇기 때문에 교회에서 어떤 헌신을 한 경우에 목회자가 그것을 알아주지 않게 되면 낙심하고 때로는 불평이 생기기 쉽다.

하지만 신자는 이 땅에서 상급을 받으려고 하는 자가 되어서는 안 된다. 우리가 교회에서 어떤 헌신과 봉사를 하였다고 할지라도 이 땅에서 인정받고 칭찬을 들으려는 본성을 쳐서 주님 앞에 회개해야 한다. 또한 누가 알아주든지 그렇지 않든지 상관없이 오직 하늘의 상급을 바라보고 일하고, 하나님의 영광이 나타나는 것으로 만족하며 행복해질 수 있어야 한다.

다음을 읽고, 세상의 칭찬을 추구하는 자의 문제점을 알아보자.

☞마 6:2-4을 읽으시오.(p.8)

....

....

....

3. 하늘의 상급을 바라보기 때문이다.

운동선수가 자기를 쳐서 고통스럽지만 강한 훈련에 임하는 것은 이 땅에서 주어지는 상을 바라보기 때문이라고 했다(24절). 하지만 신자가 바라보는 상은 이 땅에 있지 않다. 신자는 썩어질 세상에서의 상급에 연연해하지 않는데, 그 이유는 하늘에서 주시는 하늘의 상급을 바라보기 때문이다. 이 땅에서 세상 사람들이 나를 외면하고 알아주지 않는다고 할지라도 십자가에서 날 구원해 주신 주님께 인정받는 그리스도인이 되는 것이 신자의 참된 소망이다.

다음을 읽고, 우리가 세상 것에 연연하지 않고 믿음으로 헌신하면서 살아갈 이유를 발견해 보자.

☞히 11:6을 읽으시오.(p.364)

....

....

....

나눔의 시간

1. 오늘의 말씀을 통해서 느낀 점을 말해 보자.
2. 교회에서 내가 아는 사람 중에서 몸을 드려 헌신하는 사람이 있을 경우에 그 예를 들어보자.

제 45 과

시간을 드려 봉사하라

- 본문 / 딤후 4:9-11(p.346)
- 찬송 / 260(통194), 321(통351)

◈

할렐루야! 전도합시다!

존 워너메이커

미국의 존 워너메이커는 백화점 왕으로 유명하지만 신앙생활의 귀한 본으로도 유명하다. 한 번은 대통령이 그에게 체신부 장관의 자리를 맡아 달라고 했다. 얼마나 영예롭고 감사한 일인가! 그러나 그는 이렇게 대답을 했다고 한다.

"주일마다 고향인 필라델피아로 가서 교회학교 어린이를 가르칠 수 있게 해 주신다면 대통령께서 제안하신 체신부 장관직을 감당하겠습니다."

디모데후서는 바울이 로마의 감옥에 2차 투옥되어 있을 때 기록

된 서신이다(딤후 2:9, 4:21 참고). 바울이 감옥에서 일반 죄수와 똑같이 고통을 감당하고 있을 때 누가는 바울의 옥바라지를 도왔으며, 바울의 외부 세계의 접촉 창구였고 본 서신의 전달자였다. 이런 사실을 본문 11절에서는 "누가만 나와 함께 있느니라"고 표현하였다.

누가는 의사로서(골 4:14) 누가복음과 사도행전의 저자였으며, 바울의 제2차 전도 여행 때부터 함께 활동해 왔다(행 16:10, 20:6). 그는 바울의 신실한 동역자요, 주치의요, 복음의 전파자로서 봉사했기 때문에 언제나 바빴지만 그는 자신의 시간을 드려 주님의 사역을 기쁘게 감당하였다. 하나님은 시간을 드려 봉사하는 사람을 귀하게 보시며 기뻐하신다. 그렇다면 주님이 시간을 드려서 봉사하는 삶을 기뻐하시는 이유는 무엇일까?

1. 시간은 소중한 것이기 때문이다.

옛말에 시간은 금이라고 했다. 여기서 시간을 금이라고 표현한 것은 시간의 소중성을 말해주는 것이다. 사람이 시간을 어떻게 활용하느냐에 따라서 그 시간은 그 사람에게 금과 같은 가치를 제공해준다. 그래서 서양 사람들은 "시간은 돈이다"(Time is gold.)라는 표현을 즐겨 사용한다. 그렇기 때문에 주님은 우리에게 이렇게 소중한 시간을 주님을 위해서 헌신하고 봉사하는 삶을 살 때에 귀하게 여기심이 당연하다.

다음을 읽고, 아덴 사람들과 그곳에 거주하는 사람들은 시간을 무엇에 소비하고 있었는지 알아보자.

☞행 17:20-21을 읽으시오.(p.218)

....

....

....

2. 시간은 그 사람의 삶이기 때문이다.

인생에서 삶은 여러 번 주어지지 않는다. 우리들은 하나님께로부터 이 땅에서 살 수 있는 기회를 단 한 번만 부여 받았다. 그렇기 때문에 시간은 그 사람의 삶의 족적이요, 그 사람의 삶 자체라고 할 수 있다. 그런데 문제는 우리에게 주어진 시간이 무한정 길지 않다는 것이다. 그래서 사람들은 인생이 짧다고 한다.

그렇다면 이렇게 짧은 인생을 살면서 우리는 무엇을 위해서 살아야 보람 있고 행복한 삶을 살 수 있겠는가 하는 점이다. 그것은 바로 우리에게 주어진 인생의 시간을 주님께 헌신하여 살 때 가능하다.

다음을 읽고, 우리를 향한 주님의 뜻을 알아보자.

☞엡 5:15-18을 읽으시오.(p.315)

....

....

....

3. 사람은 영원히 살 수 없는 존재이기 때문이다.

어리석은 사람들은 이 땅에 살면서 영원히 살 것처럼 살아간다. 그들은 이 세상에 속한 것을 인생목표로 세우고 그것을 붙잡으려 하지만 인생은 이 땅에서 영원토록 살 수 없다. 우리는 종말이 있다는 것을 깨달아야 한다. 비록 나 자신을 위한 시간도 부족하겠지만 우리가 그 시간을 주님을 위해 사용할 때에 주님은 그 시간의 헌신을 기뻐하실 것이다.

다음을 읽고, 종말을 대비하는 신앙을 알아보자.

☞살전 5:1-6을 읽으시오.(p.332)

....

....

....

나눔의 시간

1. 오늘의 말씀을 통해서 느낀 점을 말해 보자.
2. 구역에서 시간을 드려 봉사할 일들을 찾아보자.

제 46 과

물질을 드려 봉사하라

- 본문 / 요 1:1-6(p.167)
- 찬송 / 341(통367), 292(통415)

◈

할렐루야! 전도합시다!

기도만 한다고

새벽기도에 가신 할머니께서 날이 환하게 밝아 오는데도 집으로 돌아오지를 않으셨다. 너무 걱정된 나머지 경찰에 신고하려는 순간 할머니께서 집으로 돌아오셨다. 걱정하는 가족들에게 할머니는 말씀하셨다. "새벽기도를 마치고 교회를 나서다가 며칠을 못 먹은 걸인을 만났어. 불쌍한 마음에 가지고 있던 버스 요금을 모두 주고 말았지. 그래서 걸어오느라 늦었어." 안타까웠던 가족들은 말했다. "아무리 그래도 버스요금을 적선하고 몇 시간을 걸어오는 사람이 어디 있습니까?" 이때 할머니는 이렇게 말씀하셨다. "얘들아, 그렇지 않아. 새벽기도는 왜 다니니? 다른 사람을 사랑할 줄도 모르면서 기도만 한다고 다 되니?"

베다니는 죽은 나사로가 다시 사는 기적이 일어났던 장소다. 그곳에 예수님이 오셨고, 큰 잔치가 벌어졌다. 마르다는 예수님이 그곳에 오신 것을 알고 비싼 향유 한 근을 가져다가 예수님의 발에 붓고 자기 머리털로 그의 발을 씻었으며, 그 향내가 온 집에 가득하게 되었다. 그녀가 예수님께 부은 향유는 그 당시 노동자의 하루 품삯이 1데나리온 할 때 약 300데나리온이나 하는 비싼 것이었다.

당시 마리아의 이와 같은 행위를 돈을 쓸모없이 허비하는 것으로 비난하는 사람도 있었지만, 그녀가 주님께 물질을 드려서 헌신한 그 행동을 예수님은 칭찬하셨다.

그렇다면 우리가 물질을 드려 헌신할 때 주님이 칭찬하시는 이유는 무엇인가?

1. 물질은 제2의 생명이다.

물질은 우리가 이 세상을 살아가는데 있어서 없어서는 안 될 아주 중요한 것이다. 그래서 어떤 사람은 말하기를 물질은 사람에게 있어서 제2의 생명과 같다고 했다. 중요한 것은 물질 자체에 문제가 있는 것이 아니고, 우리가 생명과도 같은 물질을 어떻게 사용하느냐이다. 그러므로 신자가 자신과 함께 물질을 주님께 드려 봉사하는 삶을 살 때 주님이 기뻐하신다.

다음을 읽고, 물질 문제에서 경계할 점을 알아보자.

☞딤전 6:9-10을 읽으시오.(p.342)

....

....

....

2. 물질은 목적이 아니라 수단이다.

많은 사람들이 물질을 일생동안 추구할 가장 중요한 목표로 알고 최선을 다하다가 마지막에 가서는 후회하고 만다. 그것은 그들이 뒤늦게 물질이 수단에 불과하다는 것을 깨달았기 때문이다. 그들은 수단에 지나지 않는 것에 목표를 두고 세월을 허비하였던 것이다. 물질은 중요하지만 그것이 인생 목표가 될 수는 없다. 하지만 어리석게도 사람들은 물질에만 욕심을 부리다가 결국에는 후회를 하고 만다. 마리아는 물질에 대한 욕심을 포기하였기에 예수님께 진정한 헌신을 드릴 수 있었던 것이다.

다음을 읽고, 본문에 나오는 친구가 누구인지 알아보고, 그 친구를 사귀라고 한 이유를 알아보자.

☞눅 16:9을 읽으시오.(p.123)

....

....

....

3. 베푸는 손길이 중요하다.

행복은 물질을 소유하는 데 있지 않다. 오히려 하나님이 주신 은혜를 따라 자신이 힘써 얻은 물질로 베풀고 헌신할 때에 찾아온다.

청교도 정신으로 무장된 미국의 젊은이들은 어려서부터 열심히 일하는 것을 배운다. 그들은 스스로 벌어서 배우고 자기 인생을 개척하는 것을 가장 큰 보람으로 여긴다. 그렇기 때문에 자녀에게서 자유로운 많은 그리스도인들이 베푸는 삶을 살며 하나님께 영광을 돌리는 것을 볼 수 있다. 신자는 자기만 아는 것이 아니라, 베푸는 삶을 통해서 주님의 영광을 드러내는 것을 가장 큰 인생의 보람으로 여겨야 한다.

다음에서 부자가 천국에 들어가기가 어려운 이유를 알아보자.

☞마 19:16, 21-24을 읽으시오.(p.32)

....

....

....

나눔의 시간

1. 오늘의 말씀을 통해서 느낀 점을 말해 보자.
2. 우리 구역에서 베푸는 삶을 실천할 방안을 의논해 보자.

제 47 과

성령으로 봉사하라

- 본문 / 빌 3:1-3(p.321)
- 찬송 / 184(통173), 182(통169)

◈

할렐루야! 전도합시다!

코코아 잔을 든 대통령

제2차 세계대전이 일어나자 미국의 젊은이들이 전국 각지에서 영장을 받고 군대에 입대하게 되었다. 그때 워싱턴의 한 기차 정거장에도 매일 밤 수백 명의 장정들이 입대를 위한 기차를 타기 위해서 추운 밤에 모여들었다. 그런데 그곳에 허름한 옷차림에 다리를 절룩거리고 다니면서 장정들에게 따뜻한 코코아 잔을 나누어 주는 사람이 있었다. 한 청년이 그 사람을 유심히 지켜보다가 깜짝 놀라 다가가서 말했다. "각하! 각하는 분명히 루즈벨트 대통령이시지요?" 그 당시 대통령의 코코아 잔을 받아든 젊은이들은 감격하며 사기가 충천해졌고 결국 전쟁을 승리로 이끄는 원동력이 되었다. 이와 같이 사람을 섬기고 봉사하는 일에는 직분의 높낮이가 따로 없는 법이다.

바울은 빌립보 교회의 성도들에게 유대주의자들을 경계하라고 하면서 말씀을 이어갔다. 유대주의자들은 하나님의 은혜를 버리고 인간적인 행위에 의한 할례와 의식적인 행위만을 중요시 여겼다. 그래서 바울은 그들을 경계시키면서 성령으로 봉사하고, 그리스도 예수로 자랑하며, 육체를 신뢰하지 않는 그리스도인이 참 할례당이요, 참된 신자임을 밝힌다.

본문 3절에서는 신자의 참된 봉사 자세를 보여주는데, 그것은 바로 성령으로 봉사하는 것이었다. 다시 말하면 신자가 인간의 육신을 따라서 봉사하는 것이 아니라, 성령으로 섬김과 봉사를 실천하는 삶을 살아야 한다는 것이다.

그렇다면 성령으로 봉사한다는 것은 무엇인가?

1. 봉사의 초점이 하나님께 있다.

본문 3절에 나오는 '봉사'란 말의 원어는 '라튜류오'란 말인데, 이는 하나님을 섬기며 봉사한다는 의미이다. 그래서 이 단어를 하나님에 대한 섬김의 최상인 예배에 사용하기도 한다.

신자의 봉사와 섬김은 자기의 이름을 드러내거나 자기의 영광을 나타내려고 하는데 초점이 있지 않다. 신자는 무엇을 하든지 하나님의 영광을 드러내는 데 보람을 가져야 하며, 하나님을 섬기는 행위로서의 삶의 내용이 봉사요 섬김이 되어야 한다.

다음을 읽고, 마귀의 시험에 대응하여 예수님이 하신 말씀을 알아보도록 하자.

☞마 4:8-10을 읽으시오.(p.4)

....

2. 신앙의 유산을 따라서 섬기는 것이다.

오늘날 그리스도인의 신앙의 내용은 갑자기 없던 것이 내게 주어진 것이 아니고, 수천 년 전부터 조상 대대로 내려온 신앙의 유산을 계승해 가는 것이다. 그렇기 때문에 신자가 믿음으로 선한 일을 할 때에는 자기의 기분에 따라서는 안 되며, 신앙의 선조들이 걸어온 믿음의 길을 따라 섬김의 삶을 살아야 할 것이다.

다음을 읽고, 바울이 디모데를 칭찬한 내용을 알아보자.

☞딤후 1:3-4을 읽으시오.(p.343)

3. 기도하면서 섬긴다는 말이다.

신자의 봉사와 섬김은 돈만 있다고 몸만 온다고 되는 것이 아니다. 기도가 전제되어야 한다. 그리스도인은 언제 어디서 무엇을 하든지 봉사와 섬김을 기도로 감당해야 하나님께 영광이 될 수 있다. 그렇기 때문에 기도 없는 봉사와 섬김은 세상적이 될지언정 영적인 것이 될 수 없다. 하나님은 그와 같은 봉사와 섬김을 기뻐 받으실 수 없다.

다음을 읽고, 안나 선지자의 섬김의 자세를 배워보자.

☞눅 2:37을 읽으시오.(p.91)

나눔의 시간

1. 오늘의 말씀을 통해서 느낀 점을 말해 보자.
2. 구역에서 성령으로 봉사와 섬김을 실천해 보자.

제 48 과

꿈쟁이 요셉(신년)

- 본문 / 창 37:5-9(p.57)
- 찬송 / 180(통168), 288(통204)

◈

할렐루야! 전도합시다!

꿈이 다른 두 사람

미국의 철도 왕 제임스의 일화이다. 젊은 제임스와 그의 친구는 철도 공사판에서 하루 5달러씩 받기로 하고 일을 시작했다. 하루 5달러에 만족한 그의 친구는 적당한 즐거움과 함께 30년을 꾸준히 일하여 하급 관리가 되었다. 그러나 철도회사 경영자의 꿈을 안고 열심히 노력한 제임스는 30년 후 서부 철도회사 사장이 되어 있었다. 새해에 갖는 꿈은 매우 중요하다. 당신의 꿈은 무엇인가?

오늘 본문에는 요셉이라는 인물이 나온다. 그는 야곱이 노년에 얻은 아들이다. 늦둥이로 태어났기 때문에 야곱은 요셉에게 채색

옷을 지어 입히면서 다른 형제들보다 더 많이 사랑했다. 요셉은 그의 아버지와 형제들까지 모두가 자기에게 굴복하고 자기가 그들의 머리가 되는 꿈을 꾸었다. 이런 이유로 요셉은 형제들로부터 시기와 질투와 미움을 받았으며, 결국에는 애굽에 종으로 팔려 온갖 인생의 어려움을 당하였다. 하지만 요셉은 그런 중에도 그의 꿈을 간직하며 기도했고, 결국에는 애굽의 총리가 됨으로써 그의 꿈은 성취되었다.

오늘날 우리들도 요셉처럼 꿈을 간직한 사람이 되어야 한다. 특별히 새해에는 요셉처럼 꿈을 가진 비전의 사람이 되어 그 꿈을 붙들고 기도함으로써 우리의 꿈을 이루는 축복을 받아야 하겠다.

그렇다면 우리는 어떤 꿈을 가질 것인가?

1. 주님을 향한 꿈을 갖자.

새해를 막연하게 맞이할 것이 아니라, 한 해 동안 주님을 위해서 어떻게 살 것인지 목표를 세우고 기도하며 이뤄 가도록 하자. 이처럼 한 해를 살 때 우리는 하나님께 영광 돌리는 결산하게 될 것이다.

다음을 읽고, 주님을 향한 비전의 소유자의 마음 자세를 알아보도록 하자.

☞시 108:5을 읽으시오.(p.883)

....

....

....

....

2. 새해의 나 자신에 대한 꿈을 갖자.

통계에 의하면 어떤 것을 성공시키는 확률이 큰 사람들의 공통점은 자신이 하는 일에 모든 에너지를 집중한다는 사실이다.

우리가 새해를 맞이하면서 꿈을 가져야 할 중요한 이유는 우리가 꿈을 가지고 살아갈 때에 다른 곳에 우리의 마음과 에너지를 분산시키지 않고 내가 소망하는 그 꿈에 대해 나의 모든 에너지를 집중할 수 있기 때문이다.

때론 우리에게 어려움이 닥칠 수도 있다. 하지만 비전을 붙잡고 낙심하지 않고 기도하며 모든 에너지를 집중한다면 결국 우리는 그 꿈을 성취할 수 있을 것이다.

다음을 읽고, 인생의 어려움 속에서도 소원을 이루는 비결을 알아보도록 하자.

☞시 107:23-30을 읽으시오.(p.882)

....

....

....

3. 평생을 두고 이룰 꿈을 갖자.

요셉은 형제들의 미움으로 애굽에 팔려가서 고통을 받을 때에도 자신이 간직한 꿈을 바라보며 기도 가운데 어려움을 극복하였고, 마침내 애굽의 총리가 됨으로써 꿈이 성취되는 축복의 주인공이 되었던 것이다.

신자가 인생을 살면서 중단기적인 꿈도 필요하지만 요셉처럼 일평생 이루어 갈 큰 꿈을 갖는 것도 중요하다. 큰 꿈은 작은 꿈과 달리 오랜 시간이 걸리지만 작은 꿈들이 쌓여 성취되는 것이기 때문이다. 따라서 큰 꿈으로 목표를 세운 후 이를 위해 평생 기도하고 평생 일군다면 결국 꿈의 소유자가 될 수 있을 것이다.

다음을 읽고, 바울의 소망을 알아보자.

☞빌 1:20-21을 읽으시오.(p.319)

....

....

....

나눔의 시간

1. 오늘의 말씀을 통해서 느낀 점을 말해 보자.
2. 새해의 기도제목을 나누고 함께 기도하도록 하자.

제 49 과

고난과 마음 준비(고난절)

- 본문 / 벧전 4:1-2(p.381)
- 찬송 / 150(통135), 151(통138)

◈

할렐루야! 전도합시다!

피 묻은 세 개의 못

어떤 그리스도인이 환상 중에 심판대 앞에 섰다. 거대한 평형 저울이 보였고, 그 한쪽에서는 천사들이 성직자가 평생 동안 쌓은 선행을 저울에 올려놓고 있었고, 다른 쪽에선 사탄이 악행을 올려놓고 있었다. 그런데 저울은 악행 쪽으로 기울어진 채 꼼짝도 하지 않았다.

성직자는 갑자기 겁이 났다. "오, 주여! 도와주소서!" 그때, 피 묻은 못 세 개가 선한 쪽 저울 접시에 떨어졌다. 그러자 꼼짝도 안하던 저울이 선행 쪽으로 기울어졌다. 십자가에서 예수님의 손과 발에 박혔던 바로 그 세 개의 못이었다.

지금부터 약 2천 년 전에 예수님이 갈보리 산상에서 십자가에 못 박혀 고난을 당하셨다. 그 당시 사람들 중에는 예수님의 고난에 대해 비난과 조롱을 하는 이들도 있었지만, 예수님의 고난에 오늘날 우리들의 모든 고난의 문제를 해결해 주는 놀라운 비밀이 들어 있다.

오늘 본문에서 베드로 사도는 예수님의 고난을 생각함으로써 그 분과 같은 각오로 언제 어떤 고난을 당한다고 할지라도 견디라고 권면한다.

그렇다면 우리는 고난절에 어떻게 마음의 준비를 해야 할까?

1. 예수님의 고난을 생각하라.

해마다 고난절이 온다. 그리스도인들에게 고난절이 유익한 것은 예수님이 우리를 위해 십자가에서 고난을 당하셨다는 것을 상기할 수 있게 한다는 점이다. 예수님은 고난을 당하심으로 우리의 모든 고난의 짐을 미리 짊어지셨다.

그러므로 우리는 예수님이 우리를 위해서 십자가에서 고난을 당하셨다는 놀라운 사실을 항상 기억하고 그 은혜에 감사드리는 삶을 살아야 할 것이다.

다음을 읽고, 예수님이 고난당하심으로써 우리에게 해 주실 수 있는 일이 무엇인지 알아보자.

☞히 2:18을 읽으시오.(p.355)

....

....

....

2. 죄를 멀리할 기회로 삼으라.

본문 1절 하반절에 보면 "육체의 고난을 받은 자는 죄를 그쳤음이니"라고 했는데, 이 말은 그리스도께서 받으셨던 고난에 동참한 그리스도인들이 그리스도의 고난과 죽음에 동참함으로써 그리스도와 같은 마음으로 무장하게 되면 죄의 권세가 지배할 수 없는 삶을 살 수 있게 된다는 것을 의미한다.

고난절에 신자는 죄가 지배할 수 없는 그런 믿음으로 자신을 무장함으로써 죄를 극복하고 주님께 가까이 가는 성화의 신앙 모습을 간직하는 기회로 삼아야 하겠다.

다음을 읽어 보자.

☞롬 6:10-11을 읽으시오.(p.246)

....

....

....

3. 하나님의 뜻을 따라 살라.

본문 2절에서 '사람의 정욕'과 '하나님의 뜻'은 강한 대조를 이룬다. 전자는 인간의 타락한 본성에서 비롯되는 모든 죄악된 욕망을 의미하며, 후자는 그리스도의 고난의 정신으로 무장하여 죄를 이기는 삶을 사는 것이라고 할 수 있다.

신자가 이 세상을 살면서 때로는 애매히 고난을 당할 수도 있을 것이다. 그렇지만 신자는 의기소침하거나 낙심과 절망에 빠지지 않고 담대하게 극복해 나갈 수 있다. 그것은 그런 과정을 통해 주님이 걸어가신 발자취를 따라가는 것이 되기 때문이다.

다음을 읽어 보자.

☞벧전 2:18-21을 읽으시오.(p.379)

나눔의 시간

1. 오늘의 말씀을 통해서 느낀 점을 말해 보자.
2. 고난절에 죄를 자복하고 새롭게 거듭나는 기회로 삼아보자.

제 50 과

부활의 영(부활절)

- 본문 / 롬 8:11(p.249)
- 찬송 / 165(통155), 172(통152)

◈

할렐루야! 전도합시다!

어떤 전도

어떤 사람이 서울역 광장에서 전도를 하고 있었다. 한참 듣고 있던 그 사람이 되물었다. "불교든 기독교든 아무 종교나 잘 믿고 착하게 살면 되지 왜 꼭 예수를 믿어야만 된다고 합니까? 전 기독교의 그게 싫어요!" 그때 전도자는 이렇게 말했다. "당연하지요. 그것은 예수님만이 죽었다가 다시 살아나셨기 때문입니다." 다른 종교는 잘 믿어도 죽으면 그걸로 끝난다. 아니 지옥에 가고 만다. 하지만 예수님은 죽음을 이기고 부활하셨기 때문에 믿는 사람도 부활하여 천국에 갈 수 있다.

오늘 본문에서는 성령님에 대하여 소개하고 있다. 성령님은 어떤 분이신가? 성령님은 예수를 죽은 자 가운데서 살리신 부활의 영이시라고 했다. 그리고 그 성령님은 우리 그리스도인들 속에 거하심으로써 우리들도 다시 부활하는 축복을 받게 된다고 했다.

그렇다면 성령님은 어떤 분이신지 알아보자.

1. 삼위일체 하나님 중의 한 분이시다.

삼위일체란 무엇인가? 삼위일체는 기독교의 핵심진리 중 하나로서 성부, 성자, 성령 하나님이 삼위로 계시는데, 이 삼위로 계신 하나님이 세 분이 아니라 유일하게 '한 분'이시라는 진리다. 성령님은 바로 삼위일체 하나님 중의 한 분이시다.

다음을 읽고, 삼위일체 하나님을 확인해 보자.

☞행 10:38을 읽으시오.(p.205)

....

....

....

☞고후 13:13을 읽으시오.(p.301)

....

....

....

2. 예수님을 살리신 영이시다.

예수님은 십자가에 달려 돌아가신 후 무덤에 묻히셨다. 예수님의 무덤 입구는 육중한 돌로 닫혀져 있었는데, 그것은 여러 명의 사람이 함께 들어야만 움직일 수 있는 것이었다. 예수님이 무덤에 묻히신 지 삼 일 후인 안식 후 첫날에 일단의 여자들이 예수님의 무덤을 찾아갔다.

그녀들은 예수님의 무덤을 향해 가면서 누가 자신들을 위해서 무덤에 있는 돌문을 움직여 줄지에 대하여 걱정하면서 갔다(막 16:3). 하지만 그녀들이 무덤에 도착했을 때 이미 돌문이 옮겨 있었고 예수님도 부활하셨던 것이다. 바로 죽었던 예수님을 살리신 영이 성령님이시다.

다음을 읽고, 예수님이 부활할 수밖에 없는 이유를 발견해 보자.

☞행 2:24을 읽으시오.(p.189)

....

....

....

3. 부활의 날에 믿는 자를 살리실 영이시다.

본문은 성령님이 죽었던 예수님을 다시 살리셨을 뿐만 아니라 부활의 날에는 바로 우리들도 다시 살리실 영이시라고 소개한다. 중요한 것은 그 성령님을 내 안에 모시고 사느냐다.

신자가 성령님께 인치심을 받아 살 때에 죽음도 두렵지 않게 되는데, 그것은 우리도 부활의 날에 다시 살 것을 확신하기 때문이다.

다음을 읽어 보자.

☞롬 8:11을 읽으시오.(p.249)

....

....

....

나눔의 시간

1. 오늘의 말씀을 통해서 느낀 점을 말해 보자.
2. 부활 신앙에 대한 당신의 신앙을 고백해 보자.

제 51 과

추수할 일꾼(추수절)

● 본문 / 마 9:36-38(p.14)
● 찬송 / 93(통93), 495(통271)

◈

할렐루야! 전도합시다!

뉴욕과 수도 요금

뉴욕 시민은 수도 요금을 내지 않는다고 한다. 록펠러가 미래의 수도 요금까지 계산해서 지불했기 때문이다. 그러나 뉴욕 시민들은 록펠러의 고마움을 잊고 산다. 하루만 물이 없어도 온 도시가 악취로 가득 찰 터인데도 말이다.

하나님은 우리에게 너무나 많은 것들을 주셨다. 공기, 태양, 땅, 빗물 등. 잠시도 없으면 못 사는 것들을 공짜로 주셨다. 그러나 많은 사람들이 하나님의 고마움을 잊고 살아간다. 금년 추수절에는 그동안 잊었던 하나님께 대한 감사를 회복하는 절기로 만들자.

추수에는 세상적인 것과 영적인 것이 있다. 세상적인 것은 곡식과 함께 직장이나 사업에서의 수입에 대한 추수가 있다. 영적인 것은 영혼 구원에 대한 추수가 있다. 이와 같은 소산물의 결과는 우리의 능력 이상으로 하나님의 은혜가 중요하다. 하나님이 축복해 주셔야만 더욱 아름답고 풍성한 추수를 할 수 있기 때문이다. 추수 감사절은 한 해 동안 하나님이 우리에게 축복해 주신 모든 것에 대해 감사하는 절기이다.

오늘은 추수절을 통해서 우리의 신앙을 어떻게 정립할 것인지 알아보도록 하자.

1. 풍성한 추수에 대해 감사하라.

농사는 농부가 열심히 일만 한다고 해서 풍성한 곡식을 거둘 수 있는 것이 아니다. 그것은 해충이나 자연재해 등 수많은 변수들이 숨어있기 때문이다. 하나님이 도와주셔야만 가능하다. 풍성한 추수는 하나님이 주시는 축복의 결과다.

신자는 추수절을 맞이하여 일 년의 농사에 대해 감사하는 마음을 회복해야 한다. 일 년 농사에 대한 감사의 회복은 또다시 다음 해에도 축복해 주시는 하나님의 은총을 기대하는 것이기도 하다. 어떤 사람은 우리가 도시에 살기 때문에 농사를 짓지 않으니 농부와 다르다고 말하지만, 도시에서의 사업이나 직장 생활도 농부의 농사와 똑같이 하나님이 축복해 주실 때에 더욱 풍성한 축복의 열매를 맺을 수 있음으로 동일하다고 할 수 있다.

다음을 읽고, 추수와 관계된 주님의 음성을 들어보자.

☞슥 8:12-13을 읽으시오.(p.1319)

···

···

···

2. 영혼의 추수를 위해서 기도하라.

성경에서 추수는 땅에서 나는 소산물에 대한 추수를 말하기도 하지만 영적으로는 영혼 구원을 가리키는 것이기도 하다. 그렇기 때문에 추수절을 맞이하여 신자는 세상에서의 풍성한 추수를 위해 기도해야 하지만 더욱더 영혼 구원의 추수를 위해서 기도해야 한다. 그래서 오늘 본문에서는 추수 때에 일꾼이 적음을 한탄하면서 영혼 구원을 위한 추수할 일꾼을 보내 달라고 기도하라고 가르쳤던 것이다. 구역과 교회에서는 추수 감사절에 이 문제를 위해서 집중적으로 기도해야 할 것이다.

그렇다면 우리가 영혼 구원의 추수를 위해서 기도할 이유를 알아보도록 하자.

☞막 8:36-37을 읽으시오.(p.67)

···

···

···

3. 내 자신이 영혼의 추수꾼이 되자.

추수 감사절에 우리는 풍성한 곡식의 추수꾼이 되는 축복의 주인공이 되어 감사하는 것도 중요하지만 무엇보다 풍성한 영혼의 추수꾼이 되기 위해서 기도해야 한다.

금년 추수절에는 주님께 영혼의 추수를 드리는 절기가 되도록 하자. 이 일을 위해서 구역에서 함께 기도하며 함께 전도하도록 하자. 하나님이 가장 기뻐하는 것은 한 영혼을 주님께 드리는 것이다.

다음을 읽어 보자.

☞마 9:37-38을 읽으시오.(p.14)

....

....

....

나눔의 시간

1. 오늘의 말씀을 통해서 느낀 점을 말해 보자.
2. 추수절에 영혼의 제물을 드리기 위해서 의논하고 기도하자.

제 52 과

기쁨의 좋은 소식(성탄절)

● 본문 / 눅 2:8-14(p.89)
● 찬송 / 112(통112), 122(통122)

◈

할렐루야! 전도합시다!

성탄절 이야기

어떤 사람이 어린이들에게 '성탄절' 또는 '크리스마스'라고 하면 무슨 생각이 제일 먼저 떠오르느냐고 물었다. 그랬더니 어린이들은 산타 할아버지, 흰 눈, 선물, 루돌프 사슴코, … 등등을 말했다. 그리고 예수님은 한참 뒤에 나왔다고 한다. 해마다 12월이 되면 백화점이나 술집에서 먼저 흥분한다. 예수님이 안 계신 성탄절을 찾는 것이다. 금년 성탄절은 예수님이 함께 하시는 성탄절을 맞이하도록 하자.

첫 번 성탄절에 아기 예수님을 맞이한 사람들은 큰 권세가 있는 사람도 아니고, 돈이 많은 부자도 아니었으며, 지위가 높은 사람도 아니었다.

오늘 본문에 보면 목자들이 나온다. 그들은 밤이 되어 사나운 짐승과 도둑들로부터 양을 지키기 위해서 들에서 잠을 청하고 있었다. 그때 주의 천사가 그들에게 나타났고, 그들에게 큰 기쁨의 좋은 소식을 전해주었다.

그렇다면 천사가 목자들에게 전해준 소식은 어떤 소식인가?

1. 무서워 말라는 소식(8, 10절)

본문 8절에 보면, 목자들이 양떼를 지키던 때를 '밤에' 라고 했다. 여기서 '밤' 이라고 하는 것은 무엇을 의미하는가? 그것은 하루 중 어두움의 때이기도 하지만 영적으로 보면 인생의 어두움의 때요, 죄악으로 어두워진 때이며, 삶에 있어서 지치고 힘들어서 고통으로 어두워진 때를 의미한다.

사실 사람들은 누구나 이런 어두움의 때를 만나게 되면 두렵고 무서운 마음을 갖게 된다. 더더군다나 이런 어두움이 몰아닥친 때에 갑자기 무엇인가가 나타나게 되면 놀라서 무서워하게 될 수밖에 없는 것이 인간이다. 이런 어두움의 때에 천사는 두려워하는 목자들에게 나타나서 "무서워하지 말라"고 했다.

금년 성탄절을 맞이하여 그동안 당신의 인생에서 어떤 어두움의 때를 만나서 고통당하고 있고 두려워하는 문제가 있었다면 "무서워하지 말라"고 하는 천사의 음성을 듣는 성탄절이 되도록 하라.

다음을 읽어 보자.

☞사 41:10을 읽으시오.(p.1015)

....

....

2. 구주가 나셨다는 소식(11절)

하루의 어두움으로 두려워하는 때요, 죄악으로 어두워진 때이며, 인생의 여러 가지 문제들로 인한 고통으로 어찌할 바를 모를 때에는 그 문제를 해결해 줄 구원자가 필요하다.

천사는 목자들에게 나타나서 "오늘 다윗의 동네에 너희를 위하여 구주가 나셨으니 곧 그리스도 주시니라"면서 어두움으로 지친 사람들에게 희망의 빛을 줄 메시야 구세주의 탄생을 알렸다. 예수님은 바로 인류의 구원자이시다. 누구든지 이 예수를 믿고 마음에 영접하게 되면 구원을 얻는 축복을 받는다.

다음을 읽어 보자.

☞행 16:31을 읽으시오.(p.216)

....

....

....

3. 영광과 평화의 소식(14절)

첫 번 크리스마스 때에 천사들은 목자들에게 구주 예수가 나셨다는 큰 기쁨의 소식을 전해준 후에 "지극히 높은 곳에서는 하나님께 영광이요 땅에서는 하나님이 기뻐하신 사람들 중에 평화로다 하니라"라고 찬송을 하였다. 구주 예수의 탄생은 하나님께 영광이며, 사람들에게는 평화가 된다는 것이다. 당시는 로마 식민 시대였다.

그렇기 때문에 사람들은 식민 시대의 어두움으로 고통을 받았고 그들을 구원하여 평안하게 할 메시야를 대망했다. 예수 그리스도는 바로 인류가 기다려왔던 메시야요 구원자인 것이다. 그러므로 누구든지 예수 안에서 참된 평안과 평화를 누리게 된다.

다음을 읽어 보자.

☞요 14:27을 읽으시오.(p.173)

……………………………………………………………………

……………………………………………………………………

……………………………………………………………………

나눔의 시간

1. 오늘의 말씀을 통해서 느낀 점을 말해 보자.
2. 성탄절에 우리에게 있는 어두움의 문제를 해결키 위해서 함께 기도하는 시간을 갖도록 하자.

MEMO

NEW
평신도가 살아서 움직이는 구역

증보발행일 2018년 10월 16일
수정1쇄 2018년 10월 24일

지은이 신정석
펴낸이 장현덕
펴낸곳 도서출판 예수사랑 (Grace 은혜출판사)

주소 서울 종로구 종로65길 12-10
전화 (02) 744-4029 팩스 744-6578
출판등록 제 1-618호(1988. 1. 7)

ISBN 978-89-7917-998-9 04230
ISBN 978-89-7917-919-4 04230 (세트)

「이 도서의 국립중앙도서관 출판예정도서목록(CIP)은 서지정보유통지원시스템 홈페이지(http://seoji.nl.go.kr)와 국가자료종합목록시스템(http://www.nl.go.kr/kolisnet)에서 이용하실 수 있습니다. (CIP제어번호 : CIP2018031938)」